一度は訪れたい英国の小さな街

文・イラスト 山田佳世子

大和書房

Prologue

「英国はワクワクする家並みの宝庫」。町を訪れるたび、絵本の扉を開いたような気分にさせてくれます。最近はとても便利な時代になり、何でも簡単に情報が手に入るようになりました。「海外まで行かなくてもグーグルマップで世界中に行ける」と言われたことがあります。たしかにグーグルマップで世界中の道からその家並みを見ることができます。町を検索すれば写真はいくらでも出てきますし、YouTubeでの町案内も多く、旅に出なくても海外を堪能できるようになりました。

今回、英国の家並みをイラストで紹介できることになり、英国の小さな街を訪れたときの「おとぎの国」に迷い込んだかのようなときめきを、絵本のようにお伝えしたいと思いました。何でも簡単に見ることのできる世の中だからこそ、イラストで伝えられるものがあるのではないかというチャレンジです。

早速、今まで旅してきたお気に入りの町を現地で得た資料や写真で描こうとしましたが、すぐに手が止まってしまいます。私の好きな手法である立面イラストを描くには、他方からのアングルで見ないとわからない点が出てきます。机上で資料を広げていろいろ考えるより行って描いたほうが絶対早い！　そう思いました。そして何より何年も行っていない町は、今の町の変化も気になります。再訪問したい町と、気になっているが行けていない町を巡る計画をしたら1か月半は必要でした。

２０２４年夏「家並み巡りの旅」を決行しました。現地で得られる情報は五感から入ってきます。そこで得られる目に見えない情報から受け取った雰囲気という曖昧な感覚をペンにのせられるのも、絵のよさかもしれません。

そもそも英国のイラストを描くようになったのは、自分の記録のためでした。２０１３年に4か月にわたって、英国のお宅訪問をしたときに家の間取りや外観をイラストで描く習慣ができました。建築の仕事柄「絵」というより「立面図」をイラスト化したような描き方になります。

そんな絵を描きたくて、よその家の周辺でうろうろしていたら不審者として通報されそうですが、こと穏やかな英国の地方では、絵を描いている人に対しては好意的な国民性があると感じます。アートが好きで家やガーデンを愛する英国人にとって、家が大好きでイラストを描いている私に対しては理解があります。そんなところも私の「英国の家好き」に拍車をかけた理由かもしれません。現地の人と共感し共有できる話題があるのは、心が躍り安らぎます。

私が英国の家に夢中なのは、そこに住み継がれた住人による歴史が詰まっていることと、その土地との融合度が高く自然の中に溶け込んでいる様が美しい点にあります。

そして、町の中で一番多い建物が住居です。教会などシンボリックな建物もありますが、その町の雰囲気をつくり出すのは人が住まう住居だと考えます。国は違えど、必ずあるものが住居であり家並みです。日本では、シンボリックな歴史的建造物は多く残っていますが、地方色豊かな家並みは多く残らない。それゆえ私は英国に憧れ、美しい家並みを求

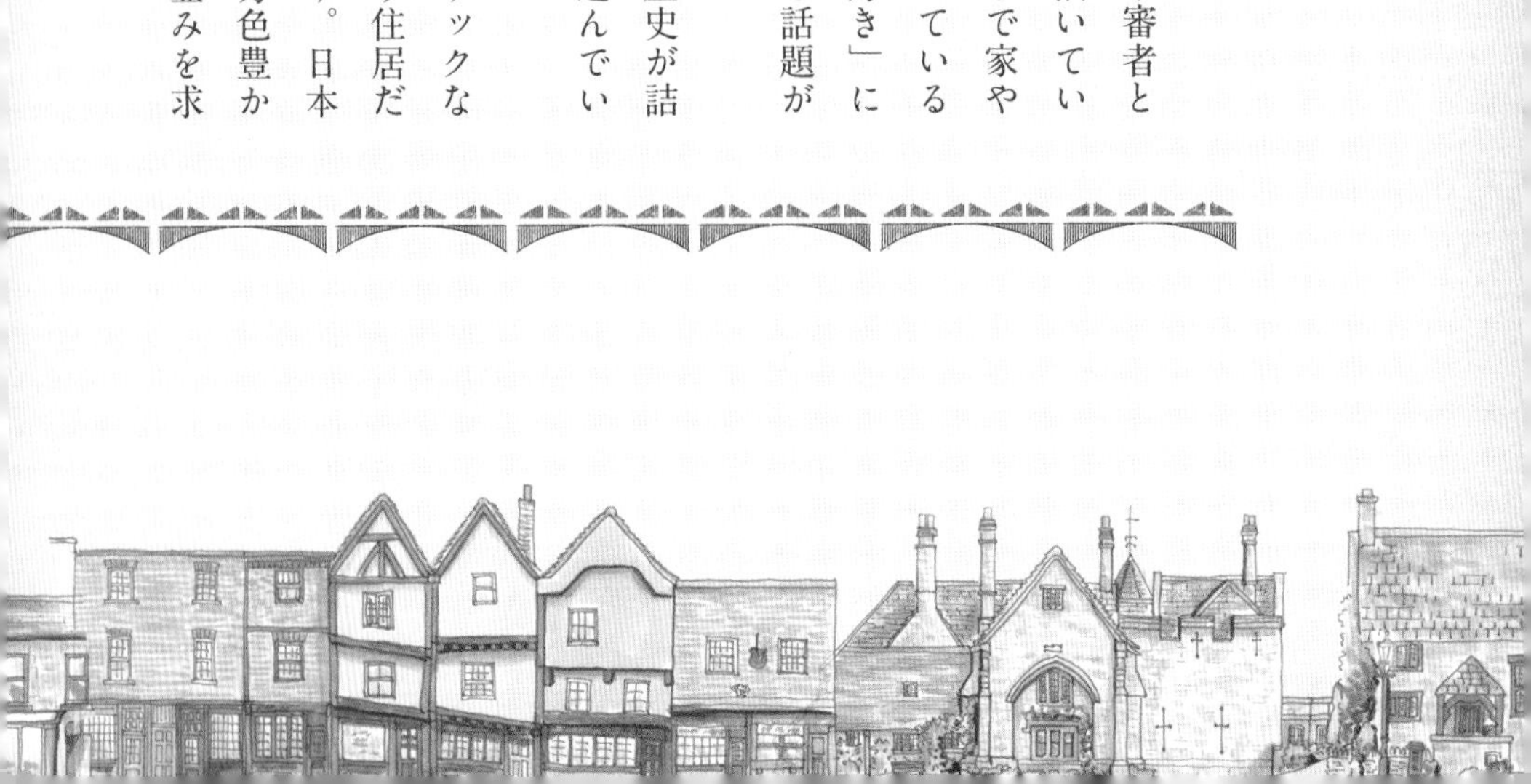

めるのかもしれません。

英国に行かれた際は、ぜひシンボリックな建物だけでなく人々の暮らす家並みを歩いてみてください。ちょっと外れた道から素敵な物語が始まりそうなワクワクする通りがたくさんあり、かわいい家が隠れています。本書を読んで、そんな絵本から出てきたような英国の小さな街を知っていただき、行ってみたいと興味をもっていただけたら嬉しいです。

2025年1月

山田佳世子

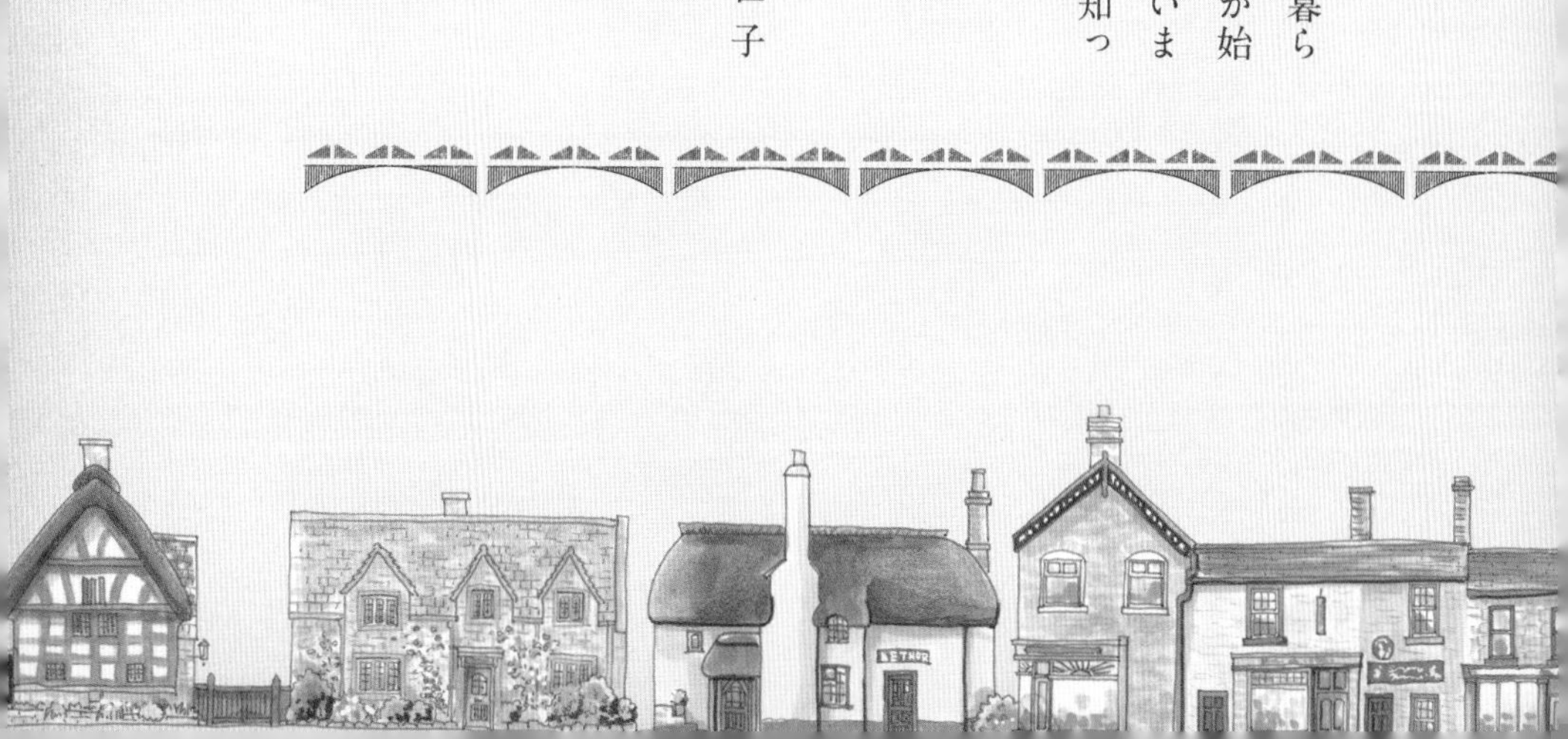

英国ではじめて出会った町

イングランド北部を代表する町の一つ、ヨークをはじめて訪れたのは2000年の夏。私の英国初訪問は、大学の特別プログラムの夏季研修でした。夏休み期間を利用した約1か月の語学研修がヨーク大学で行われました。当時はまだ建築や家にもさほど関心がなく、あったのは漠然とした好奇心だけ。1963年創立のヨーク大学の建物は比較的新しい建物で、英国らしさを感じることもなく過ごしていました。

授業は3時過ぎには終わるので、その後巡回バスで20分ほどかけてヨーク市街地を訪れます。英国の町デビューです。ヨーク市内にバスで降り立ったときの街並みの美しさに、衝撃を受けたことをはっきり覚えています。今となっては英国中でよく見かけるレンガ造りの建物ですが、その精巧さにすっかり魅了されたのです。

中世時代のミートショップは、現代はチョコレートショップ

ヨークは、城壁に囲まれた中世から続く町。約2000年もの歴史がこ

place; **York**

[ヨーク]

Access; ヨークまで

ロンドン（London）、キングス・クロス（King's Cross）駅からヨーク（York）駅まで約2時間。

① シャンブルズ通り（Shambles）。2階が前に出た建物が両側からせり出す。

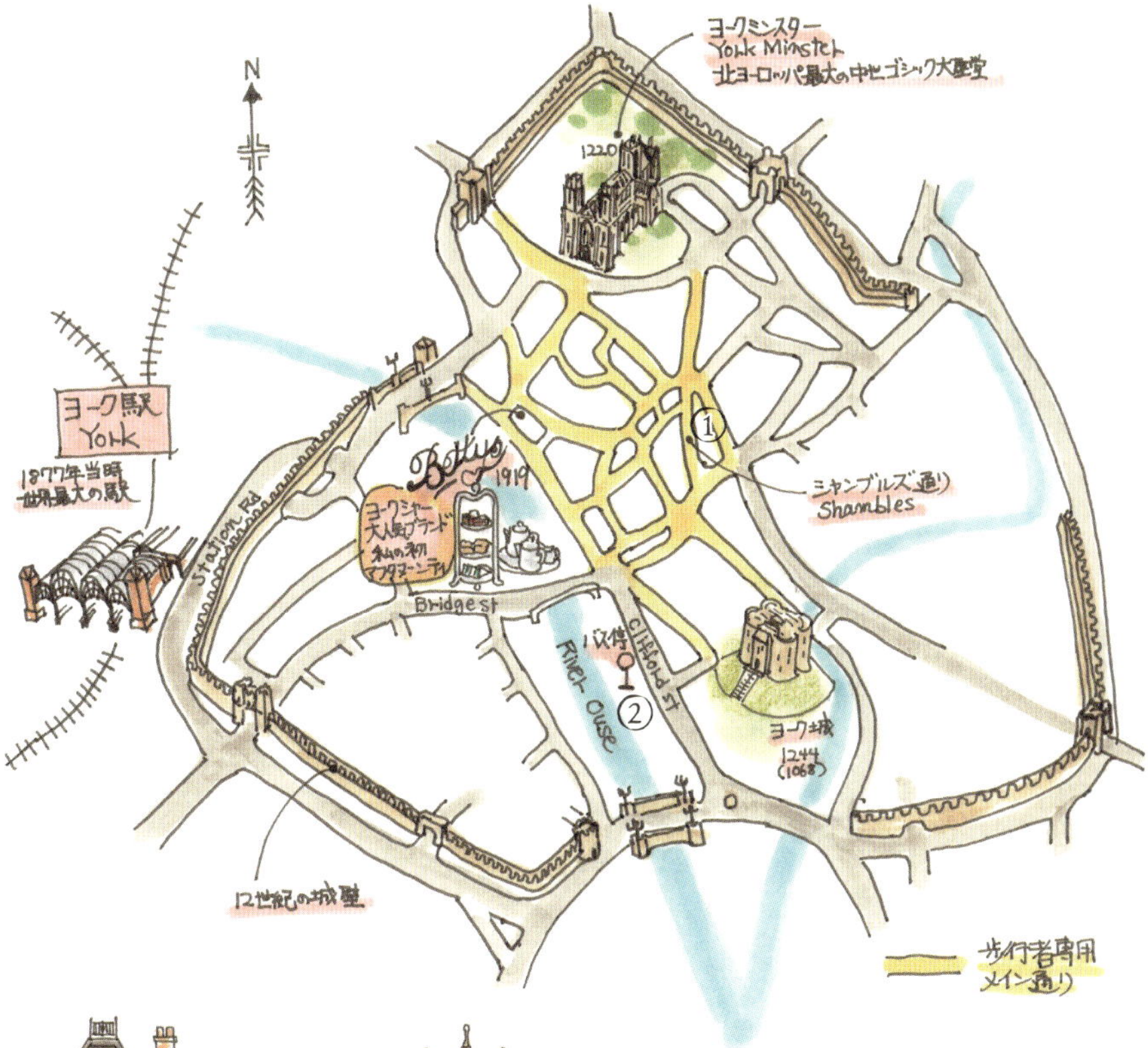

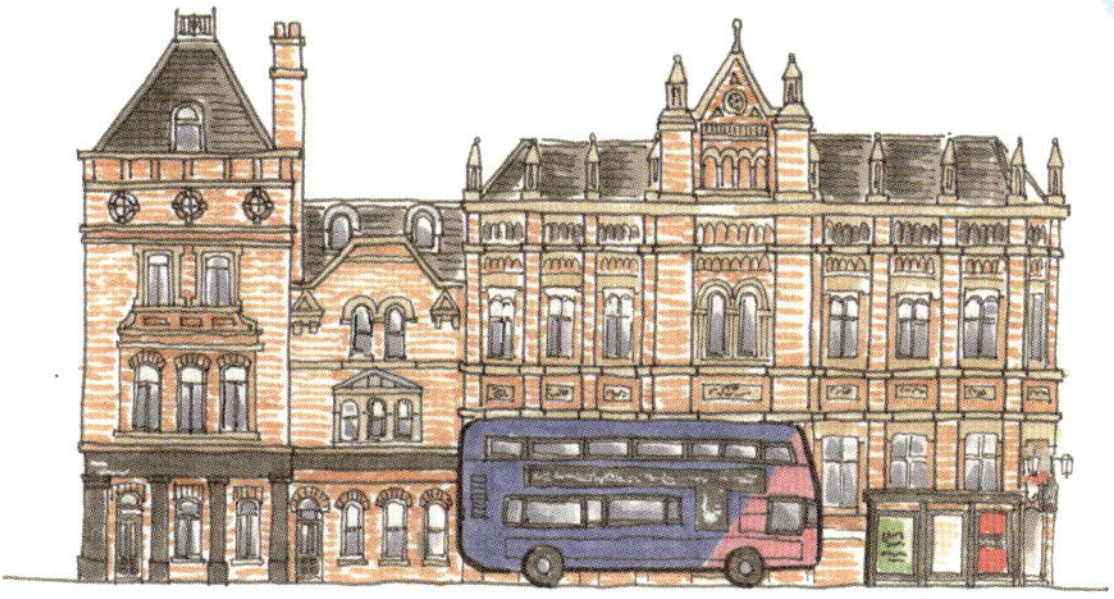

② クリフォード・ストリート（Clifford Street）城壁内のバス停。ヨーク大学へ発着。

の城壁内に蓄積されていて、前知識なしで訪問しても独特の雰囲気を感じずにはいられません。中心街は歩行者専用の通りとなります。最初に見たレンガ造りの建物からより古い時代の木造の建物が多く見られ、歪みながらも存在する500年前の街並みに、これまた衝撃を受けます。

狭い通りに1階より2階が前に出た建物が両側からせり出し、ぎゅうぎゅうに詰まったシャンブルズ通りは何度行っても圧倒されます。『ハリー・ポッター』のダイアゴン横丁のモデルになった通りとして有名になってからは、世界的観光地となっています。いつの間にか『ハリー・ポッター』の店までできていて大盛況です。

14世紀には肉屋通りで肉が吊るされていた店に、現在はオシャレなベーカリーショップやチョコレートショップが入ります。建物はそのままなのに、その時代に応じて新しい店が入り、今もなお活気に満ちています。そんな生き続ける建物の魅力を教えてくれたのがヨークの町でした。

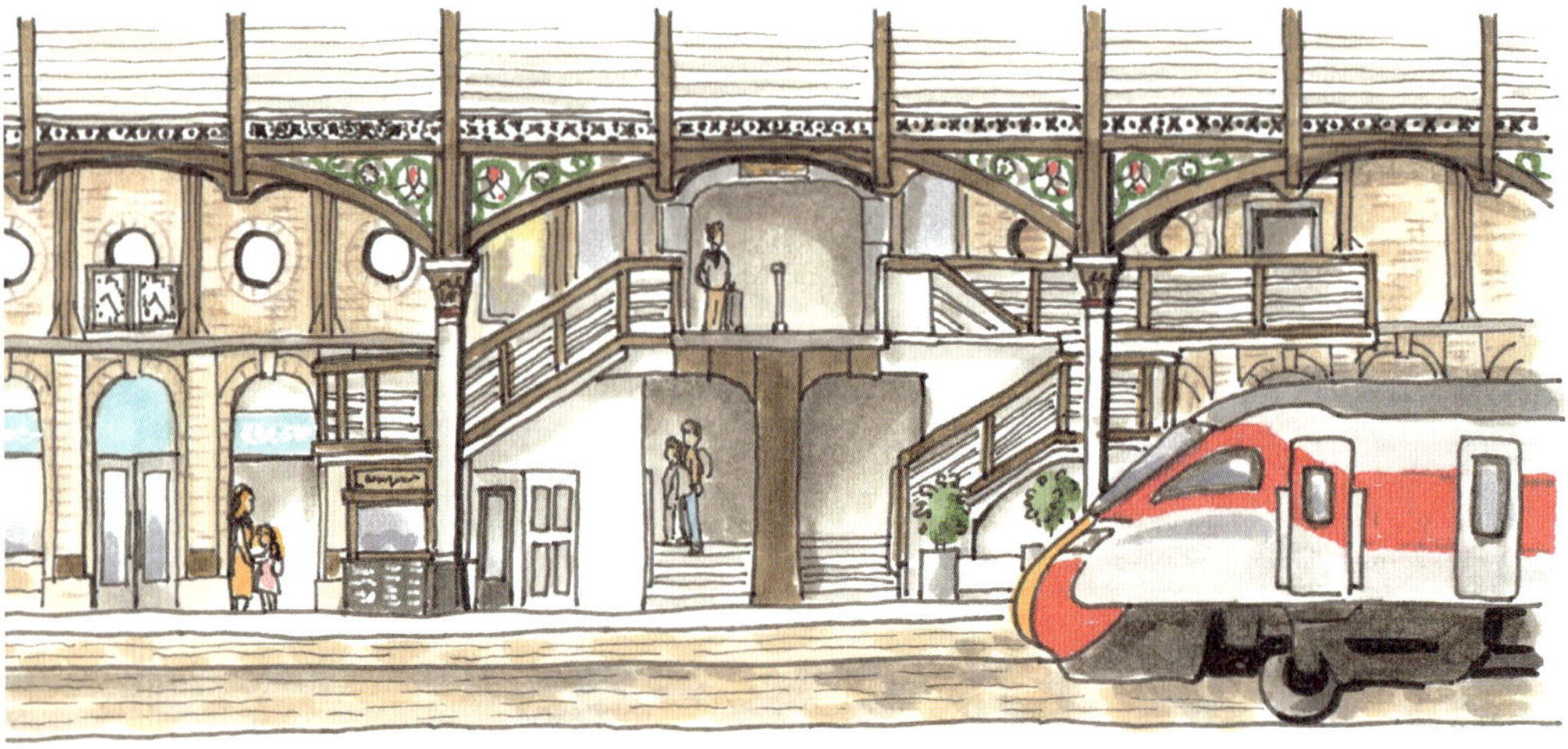

イギリスではじめて見た町がヨークだったことは、私の中で「英国のイメージ」として大きく残り、社会人となり輸入住宅に携わる仕事に就いたとき「英国に再訪問しよう」と決めた記憶が蘇りました。そこから英国の家巡りにすっかりはまってしまい、今やライフワークと化しています。

ヨークは北イングランドに位置するので遠いように思えますが、ロンドンからは2時間弱、日帰りでも訪問することができます。

ヨークの玄関口であるヨーク駅は1877年から残るヴィクトリア朝時代の建物で、壮大な鉄のアーチとアイアンの柱まわりの装飾が美しく、目を引きます。英国の駅は、その町の印象とリンクします。使われている石や装飾には、その地域性が出ているのです。

町に到着したときのワクワク感を共有したく、はじめに駅を描くことにしました。一緒にその町を訪れた気分になっていただけたら嬉しいです。

では、かわいい家並みを探して旅に出かけましょう。

ヨーク駅

一度は訪れたい
英国の小さな街

CONTENTS

イングランド中西部

CONTENTS

第2章
ウェールズの町と家

第3章
スコットランドの町と家

※本書に掲載した内容は2024年8月の取材・調査によるものです。

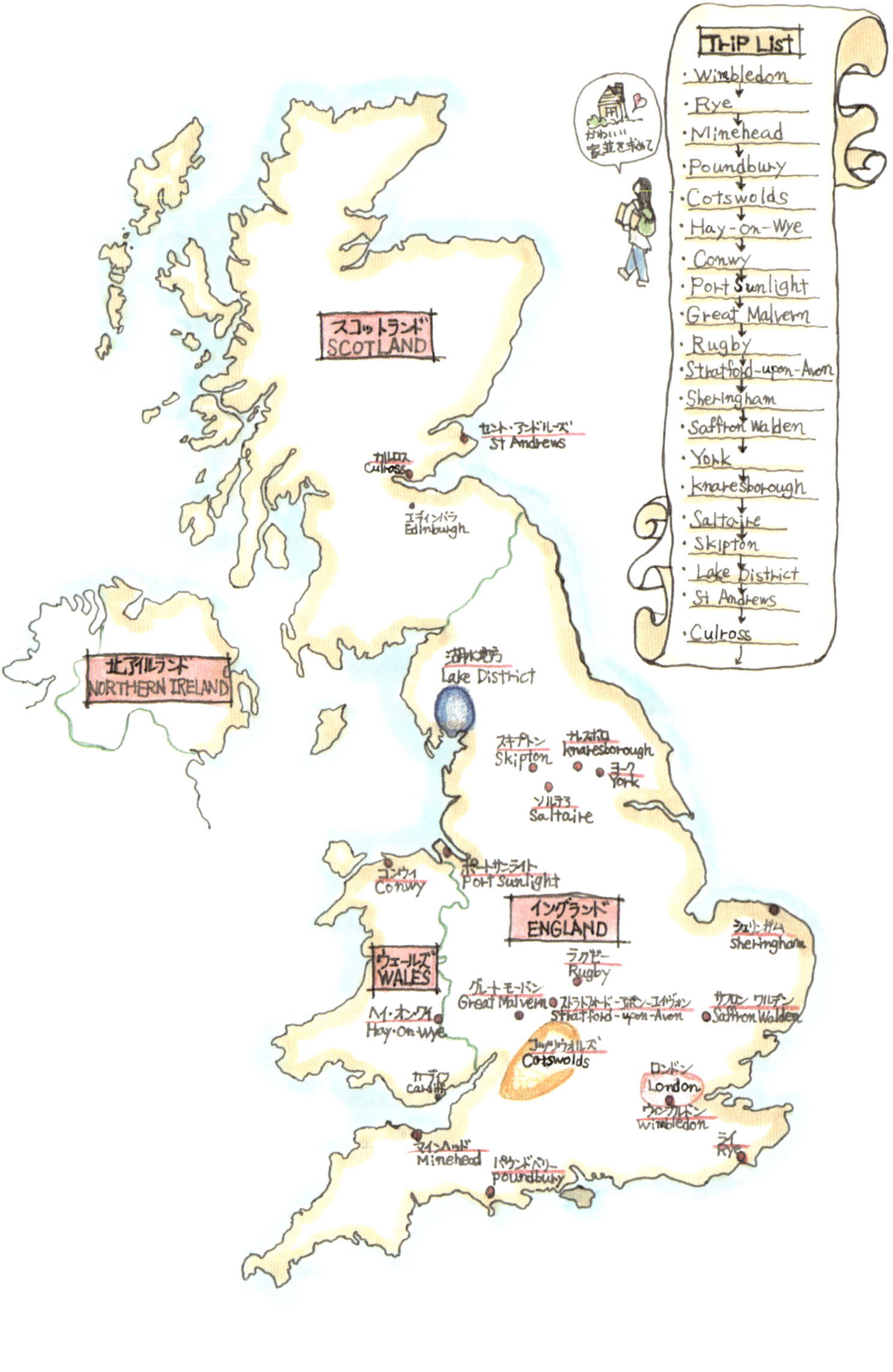

TRIP List
・Wimbledon
・Rye
・Minehead
・Poundbury
・Cotswolds
・Hay-on-Wye
・Conwy
・Port Sunlight
・Great Malvern
・Rugby
・Stratfold-upon-Avon
・Sheringham
・Saffron Walden
・York
・Knaresborough
・Saltaire
・Skipton
・Lake District
・St Andrews
・Culross
かわいい
家並を求めて
スコットランド
SCOTLAND
北アイルランド
NORTHERN IRELAND
ウェールズ
WALES
イングランド
ENGLAND
セント・アンドルーズ
St Andrews
カルロス
Culross
エディンバラ
Edinbugh
湖水地方
Lake District
スキプトン
Skipton
ナレスボロ
Knaresborough
ヨーク
York
ソルテア
Saltaire
ポートサンライト
Port Sunlight
コンウィ
Conwy
シェリンガム
Sheringham
ラグビー
Rugby
グレートモーバン
Great Malvern
ストラトフォード-アポン-エイヴォン
Stratfold-upon-Avon
サフロン ワルデン
Saffron Walden
ヘイ・オン・ワイ
Hay-on-Wye
コッツウォルズ
Cotswolds
カーディフ
Cardiff
ロンドン
London
ウィンブルドン
Wimbledon
ライ
Rye
マインヘッド
Minehead
パウンドベリー
Poundbury

第1章

イングランドの町と家

☑ イングランド南部

Wimbledon [ウィンブルドン]
Rye [ライ]
Minehead [マインヘッド]
Poundbury [パウンドベリー]

☑ イングランド中西部

Port Sunlight [ポート・サンライト]
Great Malvern [グレート・モーバン]
Rugby [ラグビー]
Cotswolds [コッツウォルズ]
Stratford -upon- Avon [ストラトフォード・アポン・エイヴォン]

☑ イングランド中東部

Sheringham [シェリンガム]
Saffron Walden [サフロン・ウォルデン]

☑ イングランド北部

Knaresborough [ナレスボロ]
Saltaire [ソルテア]
Skipton [スキプトン]
Lake District [レイク・ディストリクト(湖水地方)]

place; Wimbledon

［ウィンブルドン］

テニスの聖地へ

ウィンブルドンはテムズ川の南に位置するロンドン内にあり、1860年以降に発展した町。ヴィクトリア朝時代からエドワーディアン時代にかけての家が多く見られる。町の中心に向かって丘になっており見晴らしもよく、貴族にも愛され４つのマナーハウスが存在していた。ウィンブルドンといえばテニスの世界４大大会の一つ。その中で最も歴史が古い、1877年に世界初のテニス選手権が行われたテニスの聖地だ。英国ではその頃からテニスが大人気となり全国各地に広がった。町が急速に発展した時期とも一致する。

Access;

ウィンブルドンまで

地下鉄ディストリクト・ライン（District Line）でロンドン（London）、アールズ・コート（Earl's Court）駅からサウスフィールズ（Southfields）駅まで約20分。競技会場までは徒歩約20分。ロンドン（London）、ウォータールー（London Waterloo）駅からウィンブルドン（Wimbledon）駅まで約20分。町内へは徒歩約15分。

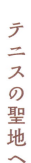

サウスフィールズ駅

ウィンブルドンへ行くなら、やはりテニスの世界大会が開催されている6月末から7月初旬にかけてでしょう。競技会場ももちろん素晴らしいのですが、駅舎も町も「ウィンブルドン」でディスプレイされ、とても賑やかで美しい時期です。

競技会場までは、地下鉄のサウスフィールズ駅を利用するのが一番近いでしょう。駅内はウィンブルドンカラーの座席やフラワーアレンジで迎えてくれ、着いた瞬間から気持ちが高揚します。

会場までは一本道で、競技期間中は多くの人が駅から会場に向かって歩いているため、迷うことはありません。

観戦チケットには種類があり、入りたいコートによって人数制限があります。有名選手の試合が見たい場合は、センターコートのチケットを手に入れなければいけません。

チケットは事前予約していれば間違いないのですが、もしチケットがとれなくても、ウィンブルドンには当日券があり、並んで手に入れることもできます。「キューチケット」といい、キュー（Queue）は「列」の意味で、その名のとおり、並んで手にする券でウィンブルドンの名物です。といっても、人数制限があるので、早朝から並びます。ちなみにセンターコー

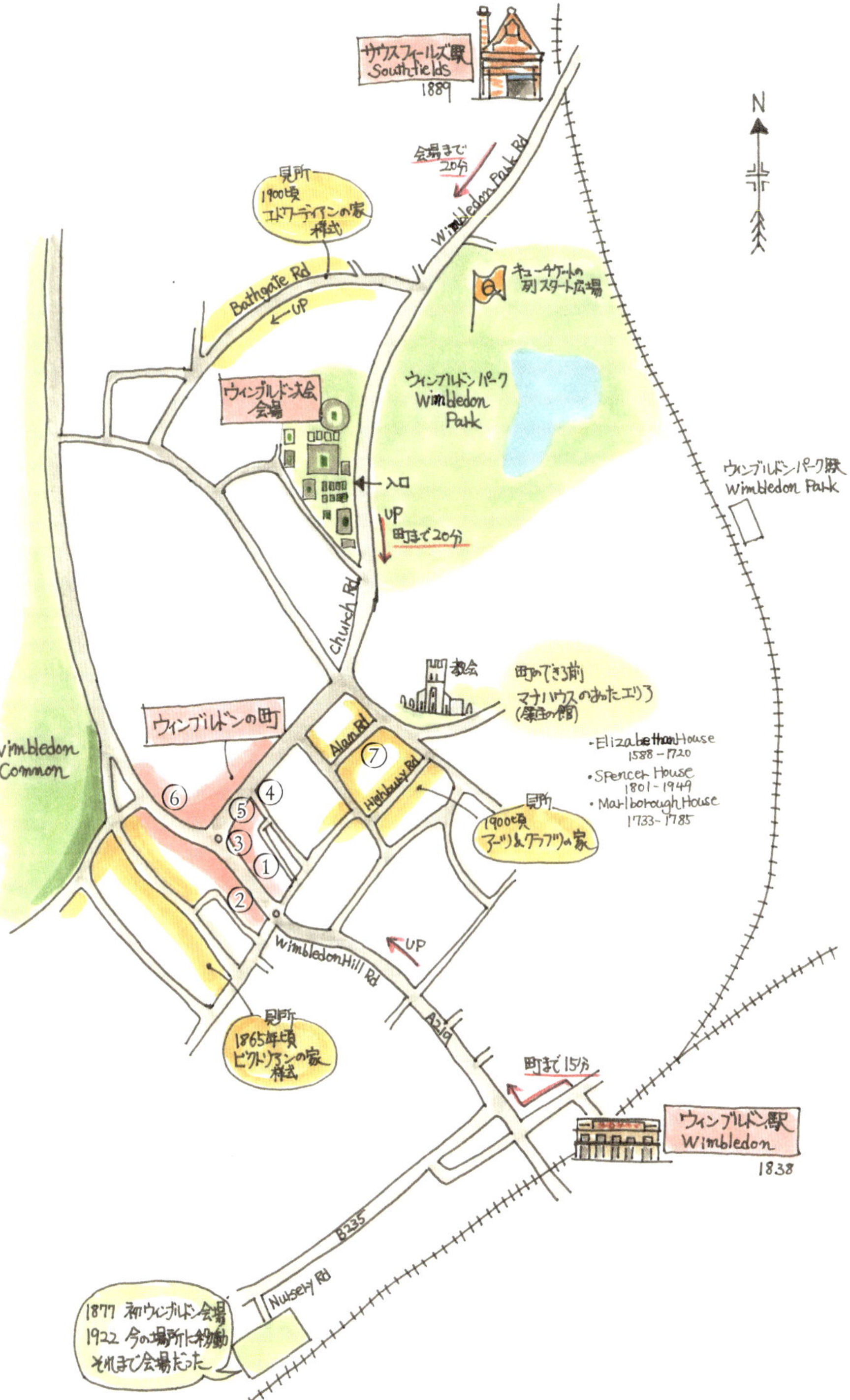
サウスフィールズ駅
Southfields
1889
N
会場まで
20分
Wimbledon Park Rd
見所
1900頃
エドワーディアンの家
様式
Bathgate Rd
←UP
キューチケットの
列スタート広場
ウィンブルドンパーク
Wimbledon
Park
ウィンブルドン大会
会場
入口
UP
町まで20分
ウィンブルドンパーク駅
Wimbledon Park
Church Rd
教会
町ができる前
マナハウスのあったエリア
(領主の館)
・Elizabethan House
1588-1720
・Spencer House
1801-1949
・Marlborough House
1733-1785
ウィンブルドンの町
Wimbledon
Common
Alan Rd
Highbury Rd
見所
1900頃
アーツ&クラフツの家
①
②
③
④
⑤
⑥
⑦
Wimbledon Hill Rd
UP
A219
見所
1865年頃
ビクトリアンの家
様式
町まで15分
ウィンブルドン駅
Wimbledon
1838
B235
Nursery Rd
1877 初ウィンブルドン会場
1922 今の場所に移動
それまで会場だった

トのチケットは、2、3日前からテントを張って並びます。ウィンブルドンパークでキャンプをするかのように、楽しみながら待っているよう。

列はウィンブルドンパーク内からスタートで、当時一緒に来ていた母とともに朝5時から並びました。

会場に入れば、そこはもうテーマパークのような特別な雰囲気です。会場の芝生の広場（マレーマウント）にスクリーンが設置され、センターコートの試合を見ることができるのでトップ選手の試合は常に楽しめるようになっています。

ウィンブルドン名物のストロベリー&クリームを食べながら、芝生で観戦するのは至福のひととき。イングランド南東部にあるケントで朝摘みした新鮮なイチゴが使われます。

イチゴにクリームをかけただけのシンプルさもまたいい。このイチゴもウィンブルドンを象徴するものとして、デザインやディスプレイにしばしば取り入れられます。

会場内はウィンブルドンカラーの紫の花と緑で美しく彩られ、イングリッシュガーデンのような美しさ。一年のうちこのシーズンだけ開放される、特別な空間です。訪れるゲストも女性はワンピース、男性はブレザーを羽織るなど軽装ななかにも紳士淑女感があり、伝統的な感覚が受け継がれています。こうした雰囲気で包まれた試合会場に、英国らしさを感じます。

この地の雰囲気に魅了されて町のファンになった私は、今回の旅も開催時期に合わせることにしたのです。

ウィンブルドン開催中の街並みのディスプレイ

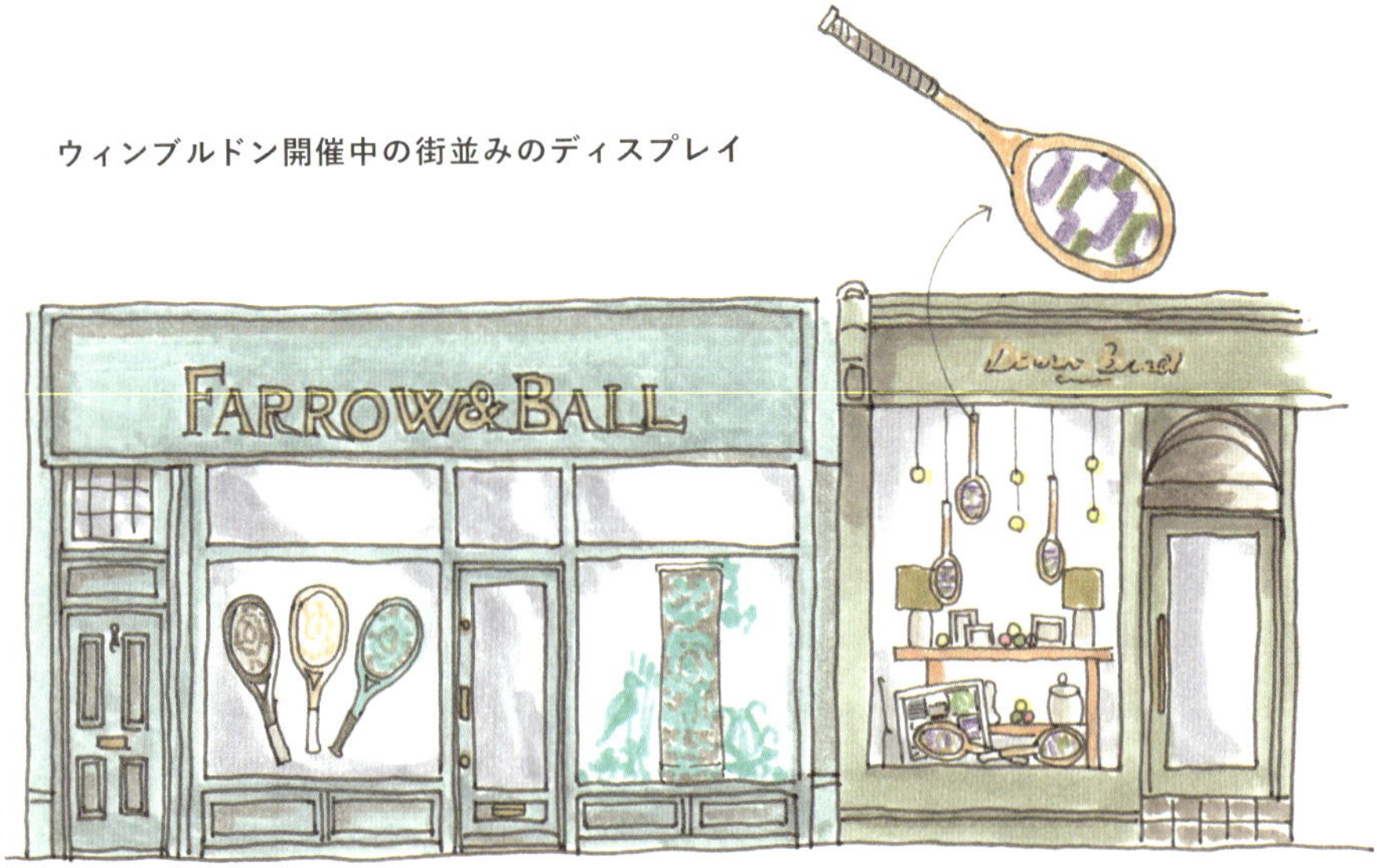

①日本でも人気の塗料と壁紙の英国メーカーのショップ。ラケットのモチーフの中に新作の壁紙を入れたディスプレイ。

②インテリアショップ。旧型のラケットにウィンブルドンカラーのファブリックを貼り込んで、ボールと一緒に飾る。

③イチゴとラケットのディスプレイが華やかで目を引く、町の中心のカフェ。

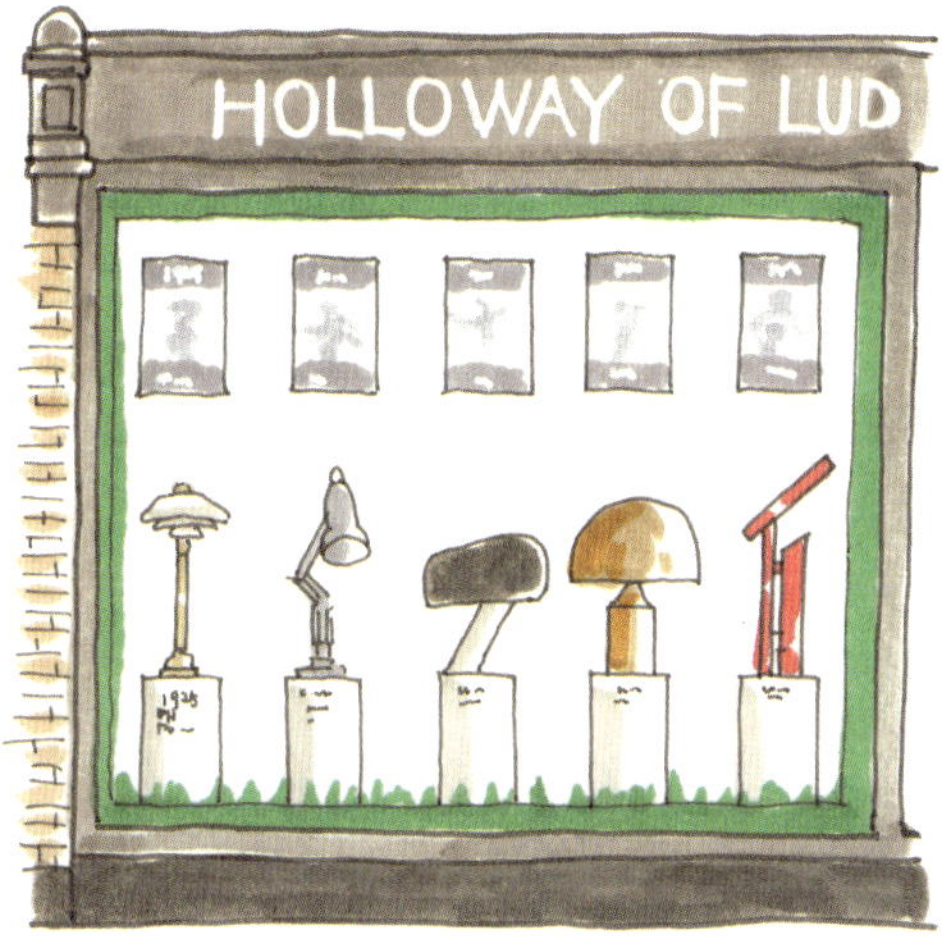

④照明・ライト専門店のディスプレイ。有名デザインとその年の勝者をリンクさせている（左：ポール・ヘニングセンのPHランプとその年の優勝者ルネ・ラコステ）。

⑤シューズショップ

毎年新しいデザインが発表される、ハンドメイドのオーダーハイヒール。
ウィンブルドンの観戦には男女ともドレスアップする人が多い。

⑥建物全体をデコレーションするパブ。

会場から町までの街灯には、フラワーハンギングをデコレーション。

大会開催中は町中ウィンブルドン仕様

ウィンブルドンは、試合だけ見て帰るにはもったいない町。サウスフィールズ駅から試合会場までは一本道で行けるので、町の中まで足をのばさず帰る人も多いです。シーズン中は町をあげて大会を盛り上げるので、町中のお店のショーウィンドウは、すべてウィンブルドン仕様になります。

カフェなどはもちろん、不動産屋さんなど直接営業に関係のないお店まで、テニスボールを吊るしたり貼りつけたり描いたりと道行く人のテンションを上げてくれます。他にもラケットやイチゴなど、ウィンブルドンを象徴するモチーフが飾られます。

そして、家好きの私として見逃せないのが家並みです。ロンドン中心地では見られない一軒家が多く見られます。19世紀後半からテニス人気とともに発展し、町の中心から広がり始め1860年頃から1900年

⑦アーツ＆クラフツの家が見られるアラム・ロード（Alan Road）。
左の家は、1900年頃までマナーハウスがあった場所。

代前半までの家がたくさんあるのです。
鉄道駅ができ、ロンドン中心地から通勤圏内だったこのエリアは中産階級以上の人たちが好んで住みました。大きめの家が余裕をもって並び、静かで心地のいい雰囲気です。

ウィンブルドンは駅から町に向かって丘になっており、その昔は教会周辺に貴族が所有するマナーハウスがありました。その教会のある筋から一本入ったアラン通りやハイバリー通りはアーツ&クラフツ時代の建物がたくさんあり、私のお気に入りの通りです。規格型から脱却した自由なフォルムの家が素敵なのです。

ウィンブルドンで一日過ごすなら、早朝にサウスフィールズ駅から入り、キューに並んでチケットをゲット、ウィンブルドンの試合を観戦後、町のカフェでティータイム。周辺の家並みを散策してウィンブルドンの駅から帰るというルートで満喫できること間違いなしです。

place; **Rye**

[ライ]

英国で最もかわいい中世の町

小さな漁村からその歴史は始まる。16世紀までは主要な港の一つで貿易や漁業の町として繁栄したが、徐々に河口に土砂が堆積して海が遠くなり、港としての大きな役割を終える。1841年に道路、1851年に鉄道が通るまで時代に取り残されたこの町は保存状態のいい中世の街並みを残すに至った。町の中心にあるセントメアリー教会の時計塔は、英国で最も古い現役の時計といわれる（1561年）。時計塔屋上から見るパノラマ景色は圧巻。

Access;
ライまで

ロンドン（London）、セント・パンクラス（St Pancras）駅からアシュフォード・インターナショナル（Ashford International）駅で乗り換え、ライ（Rye）駅まで約1時間10分。

ライ駅

1851年築のレンガ造りの駅舎。ライの街はここからすぐに南に広がっている。
隣にはカフェがある。

ロンドンから近くて、コッツウォルズ以外にかわいい町はないかと探して見つけたのがライでした。当時の情報誌に「イギリスで最も美しい町」とうたわれていたのです。こんな見出しを見てしまったら、もう行かずにはいられません。学生だった2010年の冬以来、10年ぶりに行くイギリスの行き先は、コッツウォルズとライに決まりました。

今のように旅慣れていなかった私が、はじめて買った電車のチケットが「ライ行き」でした。そのためライ駅に着いたときの印象がとても強く残っています。駅のかわいさに見入りながら駅舎に入ると、待合室のベンチに駅のカラーのクッションが置いてありました。「駅のベンチにクッション」という状況に豊かさを感じて感動したことを覚えています。

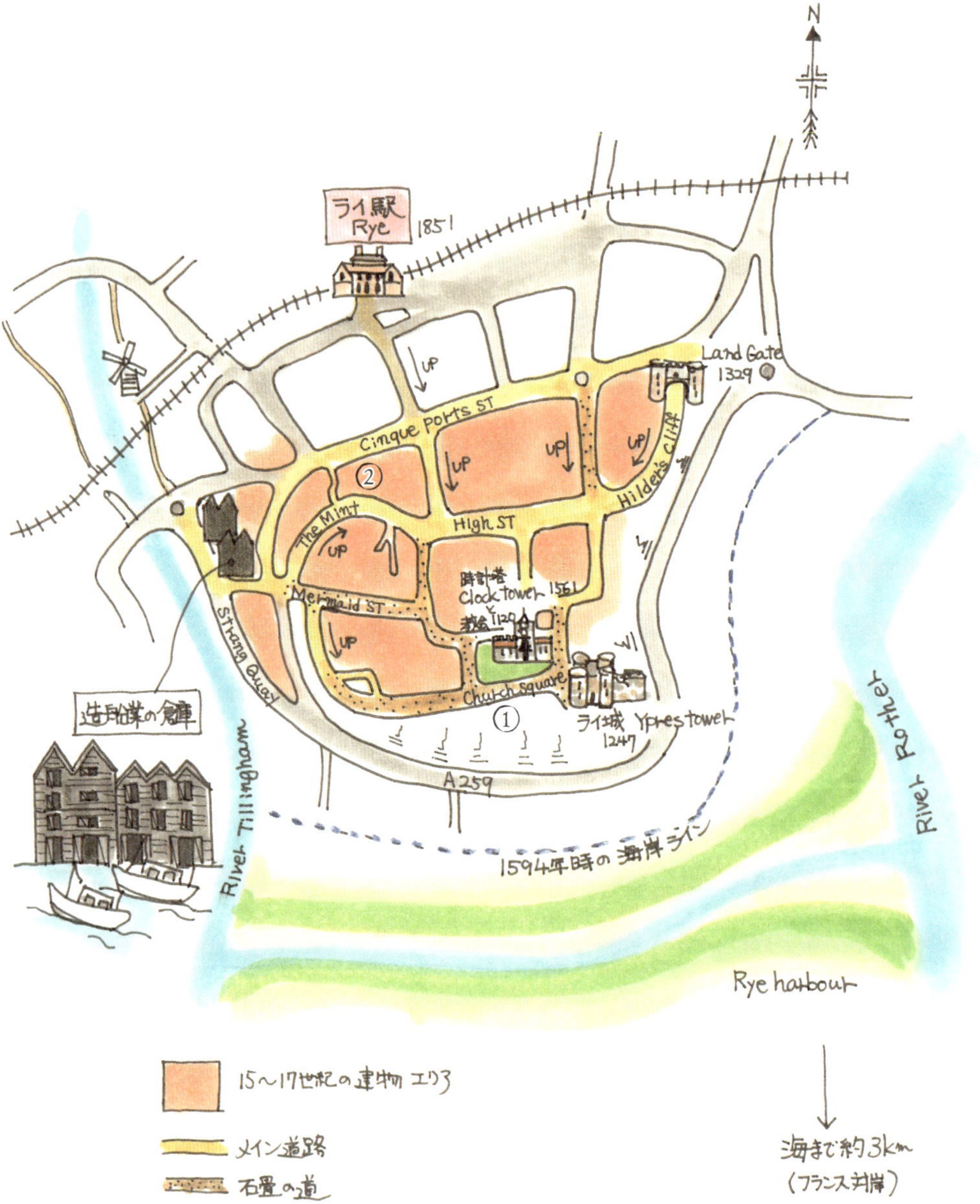
N
ライ駅
Rye
1851
Land Gate
1329
Cinque Ports ST
UP
②
High ST
Hilder's cliff
The Mint
Mermaid ST
時計塔
Clock tower 1561
教会 1120
Church square
①
ライ城 Ypres tower
1247
Strand Quay
A259
造船業の倉庫
River Tillingham
1594年時の海岸ライン
River Rother
Rye harbour
15～17世紀の建物 エリア
メイン道路
石畳の道
海まで約3km
（フランス対岸）

深い歴史がにじみ出る家々

駅を背にまっすぐ進むと、すぐにライの街並みの中に入ります。カモメの鳴き声や潮の影響で屋根に付着した黄金色の苔が海岸地域だと教えてくれます。家の壁が横張りの羽目板やレンガ貼りは、風の強い海岸エリアならでは。内陸では見られない景色です。

５００年前のチューダー朝時代に貿易港として栄えたために、その時代の建物が多く残っています。木材とレンガが産出される緑豊かなこのエリアは、英国人も憧れの場所。当時の私にとって、はじめての海沿いの町はとても新鮮で、地域ごとに歴史や自然の影響を受け家が残っていることを強く認識します。他の町はどうなっているのかという好奇心から、その後の旅する意欲にもつながります。

町は時計台に向かって上り坂になっていて、その傾斜がまた街並みに変化をもたらし、屋根も含めた街並みの美しさを見せてくれます。それははじめて来た15年前と変わりません。１０００年前から歴史を重ねたこの町にとって、15年は特に変わる年月でもないのでしょう。小さなこの町は、見るだけなら2、3時間で回れるので、すべての通りを歩くのがおすすめです。深い歴史がにじみ出る家々に、細部にまで釘付けにされます。そして住まい以外のショップや宿、パブもすべてその歴史の深い建物の並びに収まりなじんでいます。川沿いには漁港として栄えた倉庫がたくさん残っていて、それらをカフェやショップに改装したコンバージョンが素敵です。

ライにはロンドンから日帰りでも来られますが、町内の１４２０年からあるマーメイド・インなど歴史ある宿に泊まれば、よりこの地域の建物の雰囲気を堪能できます。マーメイド・インのある石畳

Oldest house in Rye ⬆

⬆ The Bell Tavern 1420年

⬆ 通り抜けできる道

←
Needles Passage to Cinque Ports Street

①チャーチ・スクエア（Church Square）

②ザ・ミント（The mint）

←右下に続く

の道は、英国を代表する街並みの一つとしてよく写真に使われています。

街並み散策をするなら朝がおすすめ。朝日に照らされる素材の陰影が美しいですし、なんともいえない静けさもまたいいのです。

ライの初訪問時にいたく感動した駅のベンチのクッションは、なくなっていました。時代とともに仕方がないことなのかなとは思いますが残念です。

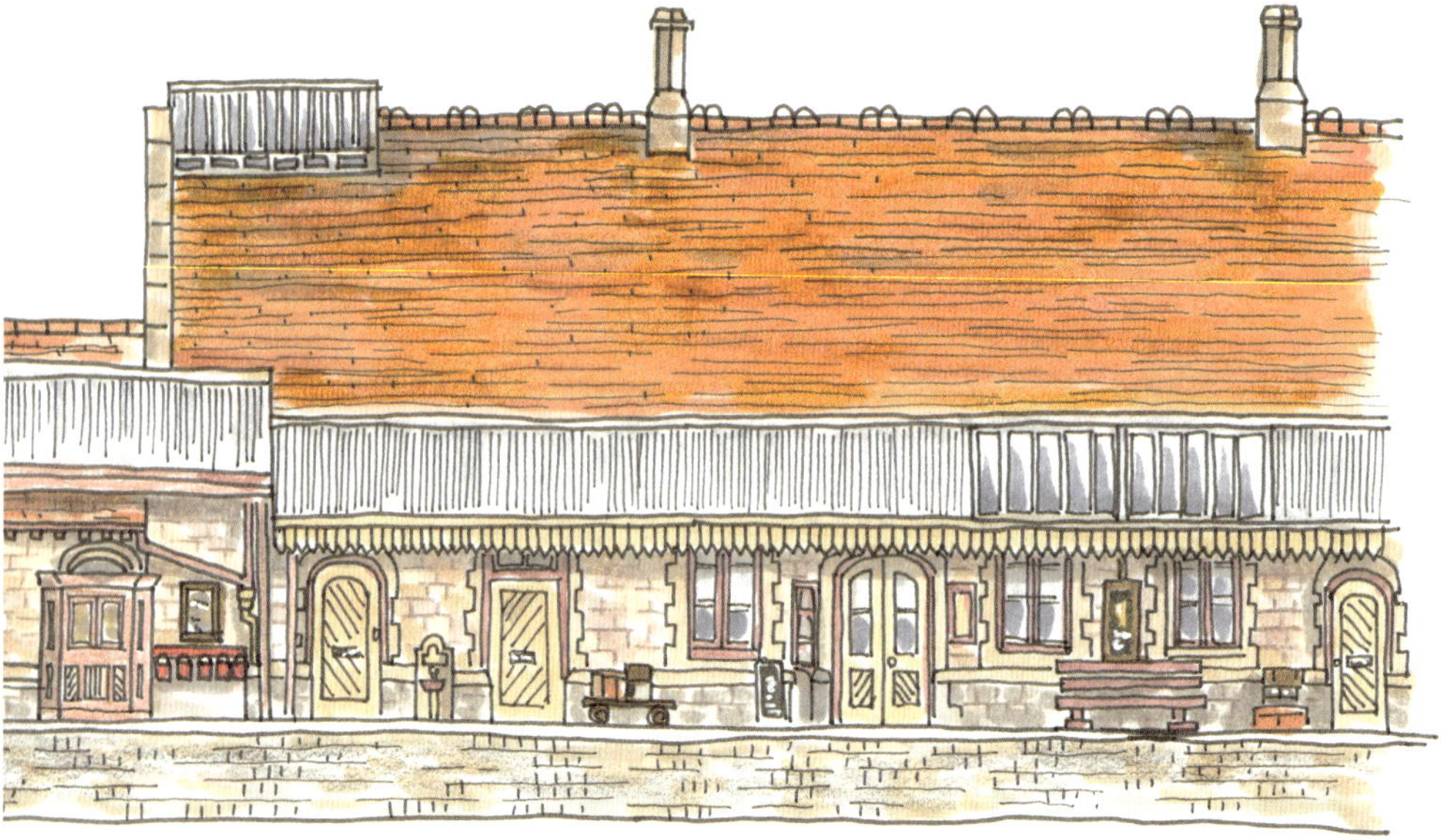

place; Minehead

[マインヘッド]

ヴィクトリア朝時代から人気があるリゾート地。16世紀頃まではウェールズやアイルランドとの羊毛を主とする貿易や漁業で栄えた町だった。港の衰退後、18世紀の海水浴の流行で富裕層の避暑地として人気を博す。1874年にマインヘッド駅が開業してからは日帰り観光地としての人気が出た。1971年に廃線となるが、ボランティアによって観光用の蒸気機関車として復活し現在に至る。

Access;

マインヘッドまで

ロンドン（London）、パディントン（Paddington）駅からトーントン（Taunton）駅まで約2時間。バスに乗り換え約40分。トーントン駅にはレンタカーあり。

おとぎの国
コブハウスへ

- マインヘッド Minehead
- セルワーシー Selworthy
- ラッククーム Luccomb

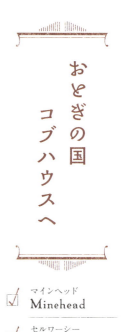

マインヘッド駅

ヴィクトリア朝時代の駅舎。駅構内には鉄道関連の書籍が並ぶ古書店がある。今は、マインヘッド（Minehead）－ビショップス・ライダード（Bishops Lydeard）間を走る蒸気機関車の駅。実用的な駅ではない。

古書店「リーダーズ・ハルト（Readers Halt）」

マインヘッドをはじめて訪れたのは２０１９年のこと。イギリス各地の地場の特徴的な家を見てまわっていた私は、この地域で見られるコブハウスに興味がありました。コブハウスとは、外壁材を粘土、藁《わら》、小石、砂を混ぜたものを何層にも重ねて仕上げた家のこと。屋根は茅葺き屋根が多く、煙突も円すいの形をしており、曲線でポテッとしたフォルムはイギリスの石積み文化の中では、少しめずらしいともいえるかわいらしさのある家です。

その行き先に選んだのはセルワーシーというナショナルトラストに登録されている小さな村。はじめての訪問は無計画な日帰りの旅で痛い目に遭うことになります。賑わうセルワーシーへ行くには、マインヘッドから出ているバスに乗る必要があります。さらにマインヘッドに行く交通手段も、トーントン駅からバスを利用しなければならないので道のりは長い。マインヘッドは乗り継ぎ場所としか考えていなかった町でしたが、来てみると街並みは美しく、鉄道の駅舎も魅力的で観光地としても賑わっています。町を散策したい衝動に駆られましたが、ロンドンからの日帰り計画だったので目的以外の町を散策する時間はまったくなく、美しい景色を横目に目的地へ向かいます。ところがセルワーシーに一番近いバス停で降りても、村の姿はまったく見えてきません。そこから20分程坂道を歩かないといけなかったのです。この時の私はスーツケースまで抱えていて、悲壮感が漂っていたと思います。

バス停から村までスーツケースを押しながら歩いていると、私を通り越した車が停まりました。優しそうな老夫婦が「セルワーシーまで行くなら乗りますか?」と声を掛けてくれました。ここにも困っているときに助けてくれる英国人が現れたと感激。そうして無事たどり着いた村は、旅の苦労を吹き飛ばす美しさ。これだから旅はやめられない。そしてコブハウスを見て目的は達成したのですが、日帰りのためすぐさま帰路につかなければなりませんでした。

そんな教訓を生かし、今回はレンタカーを利用して現地に一泊。マインヘッドの町散策と、セルワーシーの辺りの自然地帯であるエクスムーア国立公園のパンフレットの表紙になっているラッククームの村にも行きます。

これらの町の再訪の目的は、コブハウスをもっと見たいから。ゆっくりいろいろな角度でこのエリアの街並みを見たかったのです。

ロンドンから鉄道駅で一番近いトーントン駅で下車、駅の隣にあるレンタカーショップはとても便利でサービスもよく、気持ちよく出発。マインヘッドまでは1時間程で到着しました。

多くの人で賑わうメイン通りは1791年の大火で焼失しているため、それ以降の建物になります。まずは海辺に隣接する駅に向かいます。観光用として復活している蒸気機関車のヴィクトリア朝時代の駅舎の美しさに目を奪われて見ていると、「150周年」の文字を目にします。なんとマイン

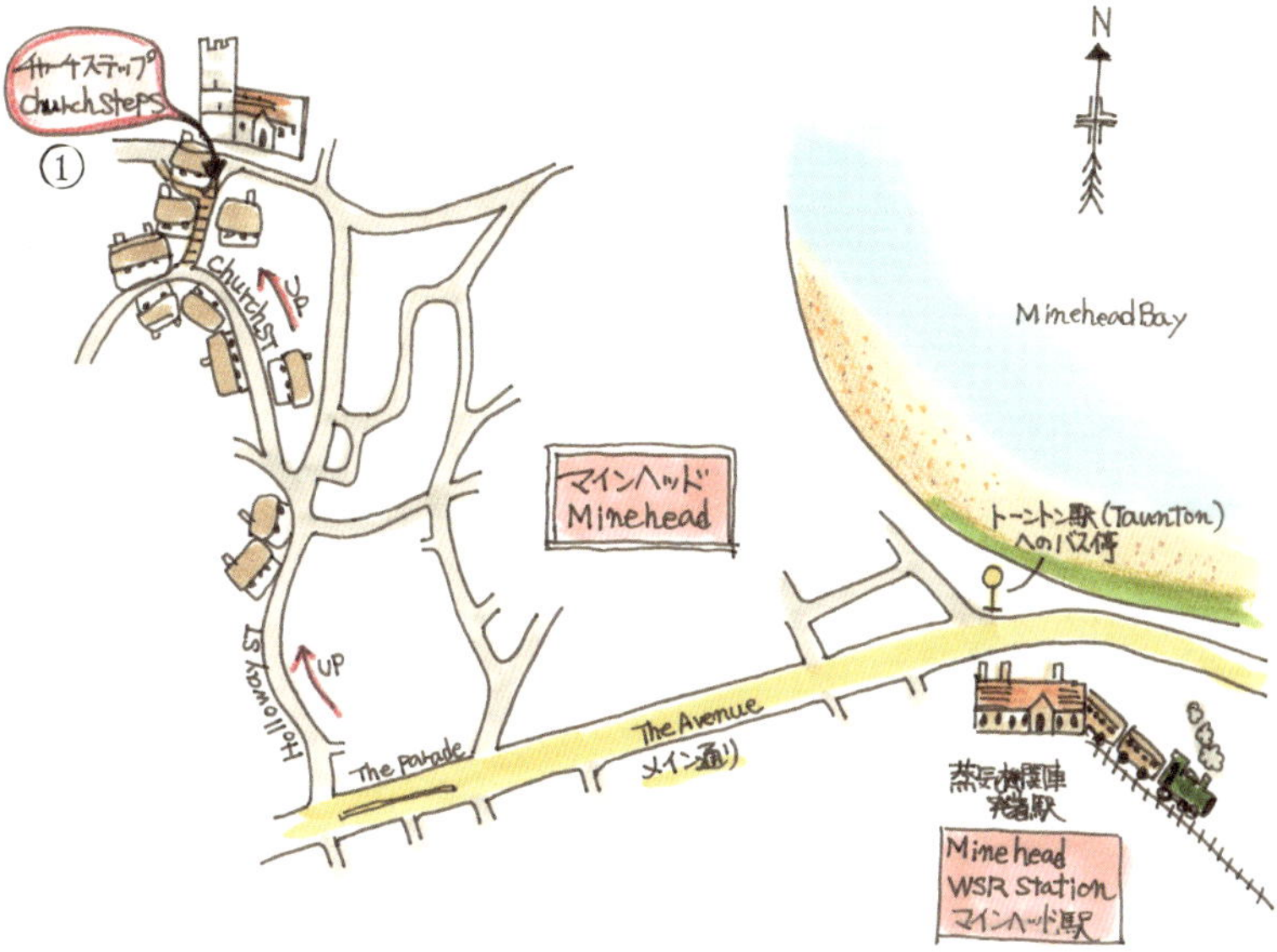

ヘッド駅ができたのは1874年であり、私が訪れた2024年は150周年という記念すべき年だったのです（ちなみに2025年は人を乗せた鉄道生誕200周年）。駅内に入るとプラットホームに「Readers Halt」という名の古書店を発見。店主が開店の準備をしていたので話しかけてみると、1998年からボランティアメンバーで続いているお店で、鉄道関係の本が主に並べられ、全国から鉄道ファンが訪れるそうです。値段も安く1ポンドから。

後で調べてみると、主にこの古書店の収益で、この駅が維持されています。鉄道ファンにはいろいろな意味でぜひ訪れてほしい駅です。

マインヘッドに来たら歩きたい通りが、チャーチステップ。絵葉書で目にして再訪を誓わせた通りでもあります。メイン通りから坂の上に位置する教会に向かって歩いていくとコブハウスがたくさん現れます。最後の上り坂がチャーチステップと呼ばれる場所で、細い石畳の階段になっており、期待どおりのかわいい街並みが現れます。そして上り切って振り返ったときのマインヘッドの全景の街並みがまた素晴らしい。車も通れない歩行者専用通りで、人もほとんど通らないのも、また美しい街並みにひたらせてくれます。

次はセルワーシーに向かいます。車だと8分くらいで到着。前回のバス旅と大違いです。敷地内に入るとまわりの自然と溶け込むように手入れされたガーデンの中にひょっこり存在するコブハウスのかわいらしさに感動すること間違いなしです。2回目でも、初見と同じように感嘆の声が漏れ出てしまいます。

古い家で15世紀の農家の家、その後17世紀にこの地域の工法であるコブハウスを追加で建てられた家が点在するこの一角、現在はナショナルトラストの保護下にありますが、それまでは高齢者のための家として提供されていました。その中の1軒はティールームになっています。おいしいホームメイドのケーキやスコーンをいただき、おなかも心も満たされたところでさらに奥地のラッククームをめざします。グーグルマップが示すその位置は、歩いていけそうだと判断。セルワーシーに車を置いて、徒歩で行くことにします。英国では、車の通れない私有地である農地を横切りながら歩ける「フットパス」が多く存在していて、近道で車より早い場合があります。でも、実際歩いてみるとなかなか遠い。そしてグーグルマップが示す場所に来ても、普通の農家が点在しているだけで村が見つからない。教会を見つけて、その裏手にやっと村らしき姿を見つけます。グーグルマップは、小さな村は本当にあてにならないので、注意です。

角を曲がって、突如現れたかわいい街並みは探し求めたラッククームでした。1時間近く歩いた疲れはすべて吹き飛びます。黄色のコブハウスの並ぶ通りのなんとかわいいこと。

すっかり満足した私でしたが、また帰りに1時間歩かないといけないのは辛かった。ラッククームには車を停める場所もあるので、車での訪問をおすすめします。

セルワーシーからラッククームへ

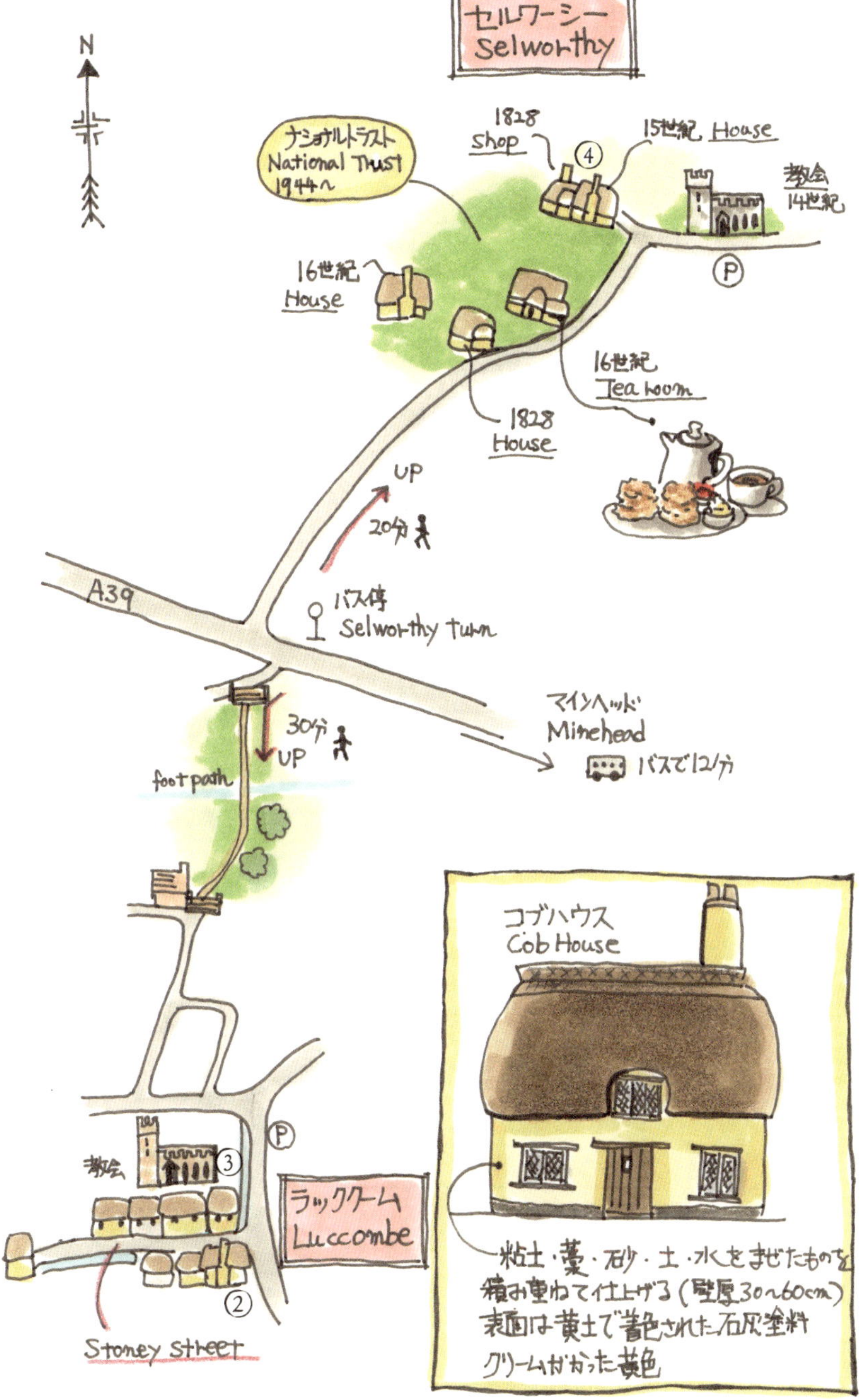

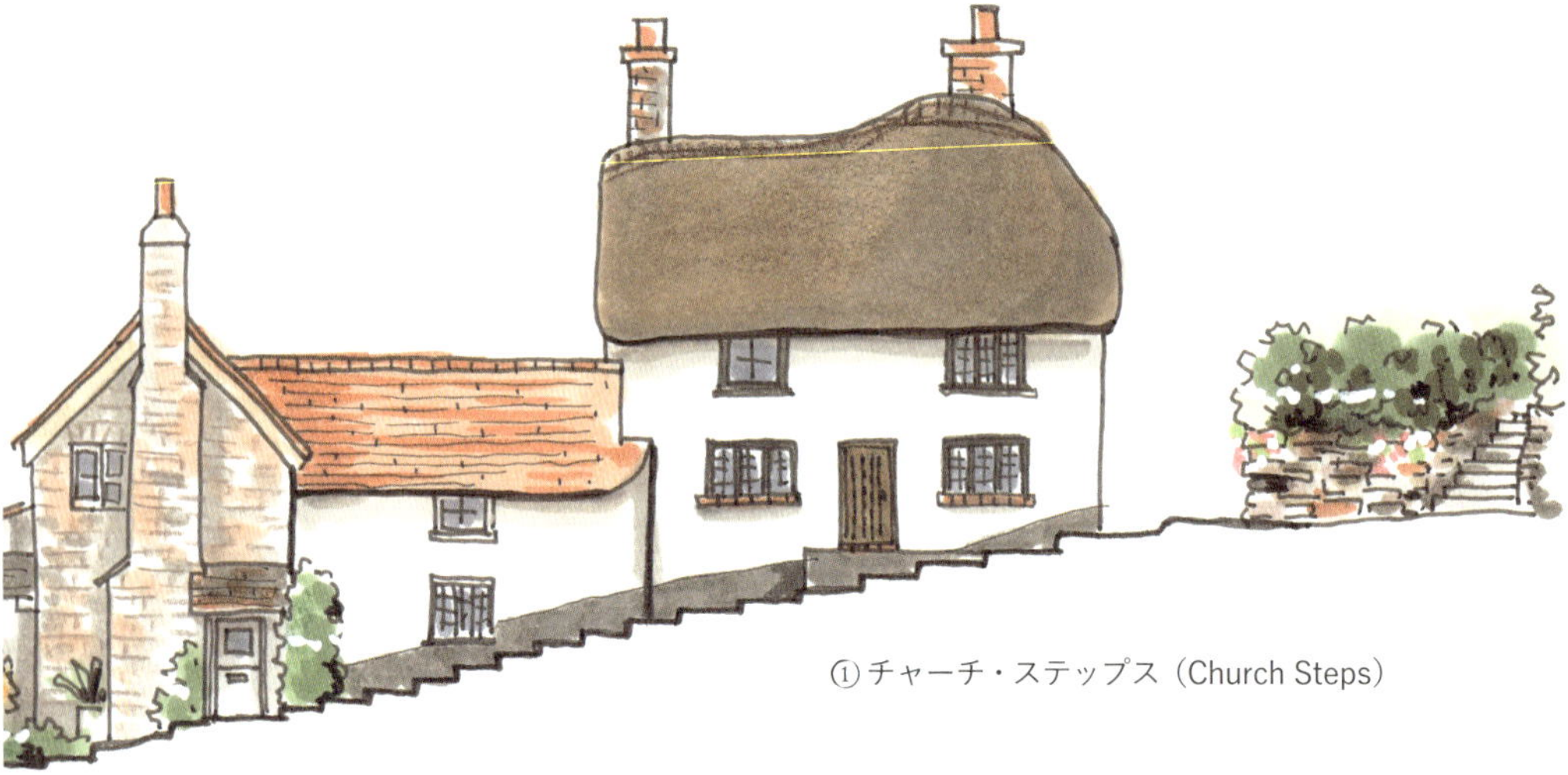

①チャーチ・ステップス（Church Steps）

ラッククーム（Luccombe）

ストニー・ストリート（Stoney Street）の入り口にある家。
②は道の左側、③は右側に位置する。

マインヘッド（Minehead）

ワークハウス（Workhouse）。
「救貧院」1731年

セルワーシー（Selworthy）

④15世紀に造られた農家の家。建物の左側は、1828年に増築された。現在はショップが入る。

チャールズ国王の計画した町

place; Poundbury

［パウンドベリー］

Access; パウンドベリーまで

ロンドン（London）、ウォータールー（Waterloo）駅からドーチェスター・サウス（Dorchester South）駅まで約3時間。駅からはバスで町の中心クィーン・マザー・スクエア（Queen Mother Square）まで約12 分。

英国のお宅訪問の旅をした2013年の翌年、輸入住宅の調査をされている方に会う機会があり、おすすめの町を2つ教えてもらいました。その2つとは、パウンドベリーとポート・サンライト（→44ページ）。観光地として行くような場所ではないこともあり、聞いたことのない町でした。

パウンドベリーは、ロンドンから南西約200キロの田園地帯にあります。チャールズ国王（当時は皇太子）が1989年に著した、『A Vision of Britain』（『英国の未来像』）の理念に基づき、自ら所有する農場を使用した住宅地開発プロジェクトの地です。

私は、この本でチャールズ国王がいかに英国の伝統的建築物に関心が深く、英国中の町や村を把握し誇りに思っているのかを知り、彼を見る目がすっかり変わりました。理想論を語っているだけでなく、その場所に足を運び、声を聞いて固めていく理念は英国人の理想を代弁したかのようで、とても説得力のあるものでした。そこに書かれている国王の理念は「地元の材料を使い、歩行者優先の風景に調和した伝統的で持続可能な町づくり」とあります。自然・環境・土着的なことを大切にし、過去が今をつくり未来に導くという考え方に共感します。

そんな思いを形にする町づくり計画は1993年に始まり、現在も進行中です。興味津々で私が最初に訪れたのは2017年の冬でした。ロンドンからだと3時間程の旅です。最寄りの駅からバスに乗り換え、町に到着したときは「イギリスの普通の街並み」という印象でした。考えてみれば、それこそが狙いだったのだと思います。新しい街並みなのに、何百年も積み重ねた他のイギリスの町と同じようにイギリスを感じられるのです。ゆっくり町を散策すると、その魅力を理解できるようになります。英国のさまざまな年代の様式や素材が取り入れられ、通りごとにそのデザインが違いとても楽しいのです。

どこかで見た英国の家の通りを感じさせる、と私が感じるのだから英国住人にとっては心地よいと思われます。まだ年月が浅く木々の育ちも未熟なため、自然との融合の低さは仕方がありません。しかし、開発まもなかった一番古い南東エリアに行くと30年程経過しているため木々も育ち、雰囲気が出てきているのがわかります。家や道の配置にも英国らしさと配慮が見られます。通りに面して家を建て、家の後ろをバックヤードとしてブロックごとに通路を設けている。歩行者しか通れない細い道が多くあるのも散歩していて楽しくストレスが少ない。また、一般住宅と低所得者向けの公営住宅も混ざっているのですが、一見してわからないようになっています。いろいろな工夫が細部にまで宿っています。

新しくて古い心地よい家

この町づくりは2025年に終わると聞いていたので、今回再訪問したのですが、どうやらまだまだ終わりそうにないらしいのです。北エリアが開発中で、不動産屋さんによるとまだ5年はかかるのではないかということでした。私は「チャールズ国王がつくっている町」ということで特別視しているのですが、町からはまったくそれを感じません。相変わらずパンフレットもなければそれをアピールするものも何も見当たりません。でもそこがいい。住人に聞くと、「チャールズ国王はよく来るよ。今はウィリアム皇太子のほうが来るかな」と言っており、そんな身近な存在なのかと驚きます。

中心地にある半円形に家が並ぶ通り、ウッドランズ・クレセントは町のシンボルです。ロンドンやバースなどでも見られる半円に並ぶテラスドハウスを模した建物で、実際に半円にするとコストもか

伝統的なテラスドハウスのある通り。
間取りは4LDKの3階建て。築25年。

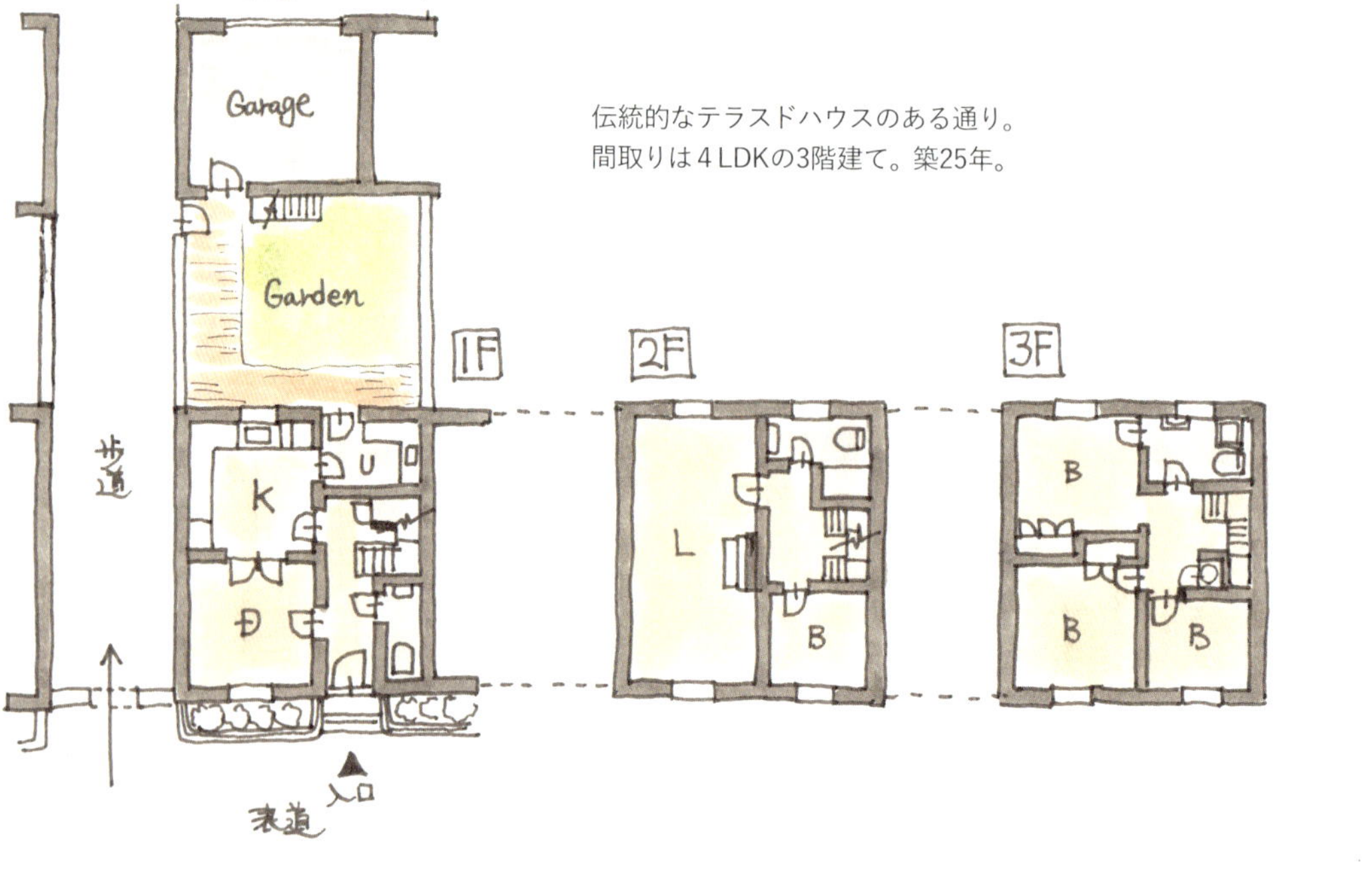

かるため直線の建物を少しずつ斜めに配置してそれ風に見える工夫をしています。そこを観察しながら絵を描いていると、3人に声をかけられました。

一人は定年退職後ブリストルから移り住んだこの通りに住む高齢男性。前の家はメンテナンスが多く必要で大変になり移住を決意したそうです。もう一人は親子連れ、いい学校があるのでこのエリアに来たということでした。ふた家族ともこの町を気に入っているようで、高齢者にも子どもにも住み心地がいいようです。

最後の一人は、目の前の家の外壁塗装工事をしていた職人さん。何も言わずに封筒だけ渡して足場に戻っていきました。何事かと思い封筒の中身を確認すると、この家の間取り図が入っているではありませんか！　家をスケッチしていたから家に興味があることが伝わったのかわかりませんが、なんと粋な計らいかと感激！　おかげで、この建物の間取りを知ることができました（右）。

チャールズ国王の英国の住宅愛が感じられるパウンドベリーは、建築に興味のある人には面白い町の一つだと思います。今後も、この町の成長が気になります。

place; Port Sunlight

[ポート・サンライト]

建築士の夢が詰まった町

リーバ・ブラザーズ(現ユニリーバ)石鹸工場の従業員のために造られた町。1888年事業拡大による工場移転時に計画された。19世紀になると労働者の劣悪な労働環境が問題となり、労働者を環境から見直す実業家が出てきた。起業家であるウィリアム・リーバ(1851年-1925年)もその一人で、労働者の住環境を重要と考え「労働者が快適に暮らせる家を建てるのが私の望み」とし、1925年までに800棟以上提供した。リーバは若い頃建築を学びたかったというほど建築に関心が高く、町造りプロジェクトに投資を惜しまなかった。イングランド北西に多く見られた土着の木造建築を推奨し、古きよき時代の建築様式を好み、建物が風景に調和するような環境を目指した。このプロジェクトには、30人以上の建築家が参加する。1979年、時代の変化によって住宅提供システムは終了し、現在は3分の2が個人所有になっている。

Access; ポート・サンライトまで

ロンドン(London)、ユーストン(Euston)駅からチェスター(Chester)まで約2時間。チェスター(Chester)駅からポート・サンライト(Port Sunlight)駅まで約40分。

ポート・サンライト駅

少し高い位置にあるプラットホームからは何も見えないが、プラットホームを降りて駅を出ると美しい駅舎に居たことがわかる。

ポート・サンライトは、パウンドベリーとともに長年海外の街並み計画を研究されている方から勧められた町です。はじめて来たのは2015年の冬。夕方に来て翌朝発ったため、終始薄暗く写真写りも悪かったこともあり、もう一度明るいときに訪問したいと思っていました。起業家によって造られた町ですが、そのクオリティの高さに感動します。こんな社宅に住めるなら、ここに勤めたいと思わずにはいられません。

駅に降り立った瞬間、やはりこの町はすごいと最初に来たときと同じ衝撃を受けました。英国の町はどの町へ行ってもそれぞれの特徴に面白さと感動があるのですが、この町はいい意味で「違和感」があります。お屋敷クラスの建物が道沿いに並んでいる違和感。従来お屋敷のような建物は広い敷地内に建っていて、門扉から前庭を通り奥まった位置に存在しているためその全貌が見えにくいものです。ところがこちらの住宅は、高級住宅の外観を持った労働者向けの2階建てテラスドハウスなのです。テラスドハウスとは同じデザインが連続した住宅形態のこと。

②ブリッジ・ストリート（Bridge Street）

③ブリッジ・ストリート（Bridge Street）

①パーク・ロード（Park Road）
1892年築の家。村の中でも大きな建物で、幹部が住んでいた住まい。右の家は、村で最も大きな家屋の一つ。1896年から2年間、リーバが自宅改装中に住んでいた。

美しく住みやすく計算し尽くされている町

お屋敷風建物を縦に何棟かに分けてテラスドハウスのような役割を持たせ、道沿いに建っているのです。そして横並びの家は、すべてが違うデザインの外観を持ちます。町が造られたのは、19世紀後半から20世紀前半です。ヴィクトリア朝時代の豪華で凛々しい様式からディテールにこだわった英国らしい様式の復刻であるアーツ&クラフツの時代に入った時期にあたります。工場周辺から離れるにつれて、シンプルなデザインになっていくのは時代の流れ。それでも一棟一棟デザインが違い、見ごたえは変わりません。

戦争によって被害を受けて当時からの建物ではないものもありますが、そこは見事に復旧され街並みとしては完璧を保っています。前庭はないものの道と建物の間にはゆとりがあり木々や草花が植えられ、とても気持ちのいい環境です。すべての建物の正面が道路に向いているのですが、裏に回るとバックヤードがあり、その雑多な様子は道沿いからは見えない設計です。これは英国で

④ウィンディ・バンク（Windy Bank）

1906年、リバプール建築学校の教師がデザインした、三日月形の7軒。

⑤ローワー・ロード（Lower Road）

⑥グリーンデール・ロード（Greendale Road）

はおなじみの配置。その裏通りのスペースは広く設けられているので、とても明るくこの時代によくあった陰気な雰囲気は皆無です。

町のコミュニティ施設も充実しており、病院も含めて当時従業員は無償で使えたそう。その明るくクリーンな印象は、「石鹸会社」のイメージとしては完璧のように思えます。家の間取りは、大きく分けて2パターンあります。賃金や役職や家族形態によって割り当てられました。1階にLDKの役割のメインルーム、水場、浴室、パントリー、2階に3ベッドルーム。ワンランク上がると各階1部屋ずつ多く、1階がキッチンとリビング・ダイニングを分けた2部屋、2階が4ベッドルームになりました。外観の複雑さとは違い、シンプルな当時の労働者階級の間取りというのがまた面白いところ。すべての家が勝手に改装できない家として指定されているのも納得です。

New Chester Rd
Corniche Rd
The Ginnel
King Edward's Drive
River Side
Church Drive
Bath Street
Park Rd
Wood Street
ng George's Drive
ueen Mary's Drive
Bottom Rd
Bridge street
Green dale Rd
Ⓚ Ⓗ Ⓖ Ⓕ Ⓘ Ⓓ Ⓔ Ⓑ Ⓒ
① ② ③
道
コートヤード
(住居の裏通り)
歩道
Ⓐ 工場
ポートサンライト駅
Port Sunlight
Ⓜ

ポート・サンライト町内

Ⓐ 1888年　リーバ・ブラザーズ（現ユニ・リーバ）工場
Ⓑ 1891年　男性食堂　現在はレクリエーションホール
Ⓒ 1891年　郵便局　現在はカフェ
Ⓓ 1894年　小川　現在は公園
Ⓔ 1896年　図書館　1919年から銀行
Ⓕ 1898年　小学校・教会ができるまでその役割を果たした建物。
以降は職員養成学校。　現在は多目的ホール
Ⓖ 1900年　女性用食堂　美術館ができるまでは博物館
現在は多目的ホール
Ⓗ 1900年　宿
Ⓘ 1902年　プール＆体育館
現在はガーデンセンター
Ⓙ 1903年　小学校
Ⓚ 1904年　教会
Ⓛ 1907～1948年まで
従業員のための病院
後にホテル
Ⓜ 1914年　駅
Ⓝ 1922年　美術館

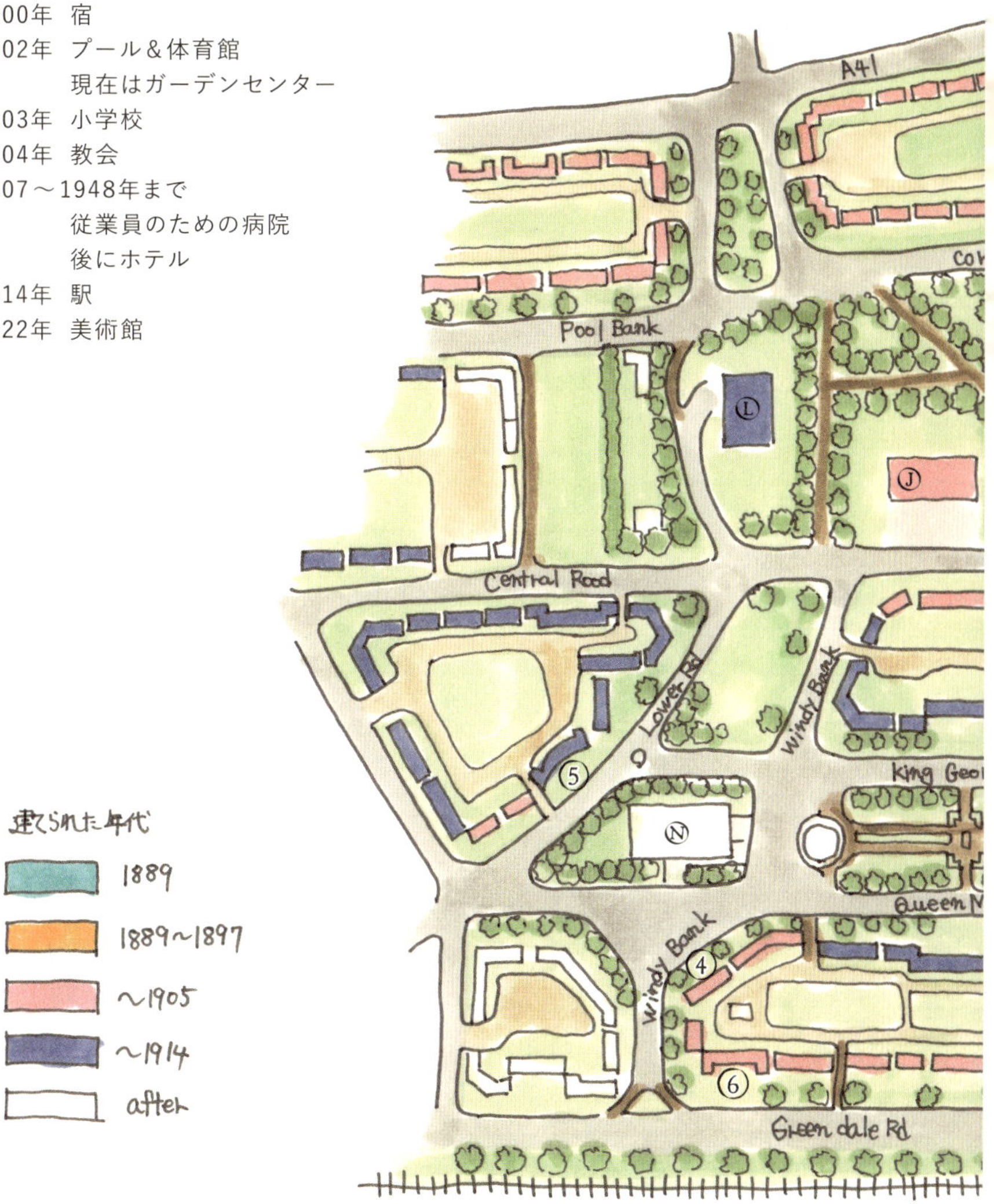

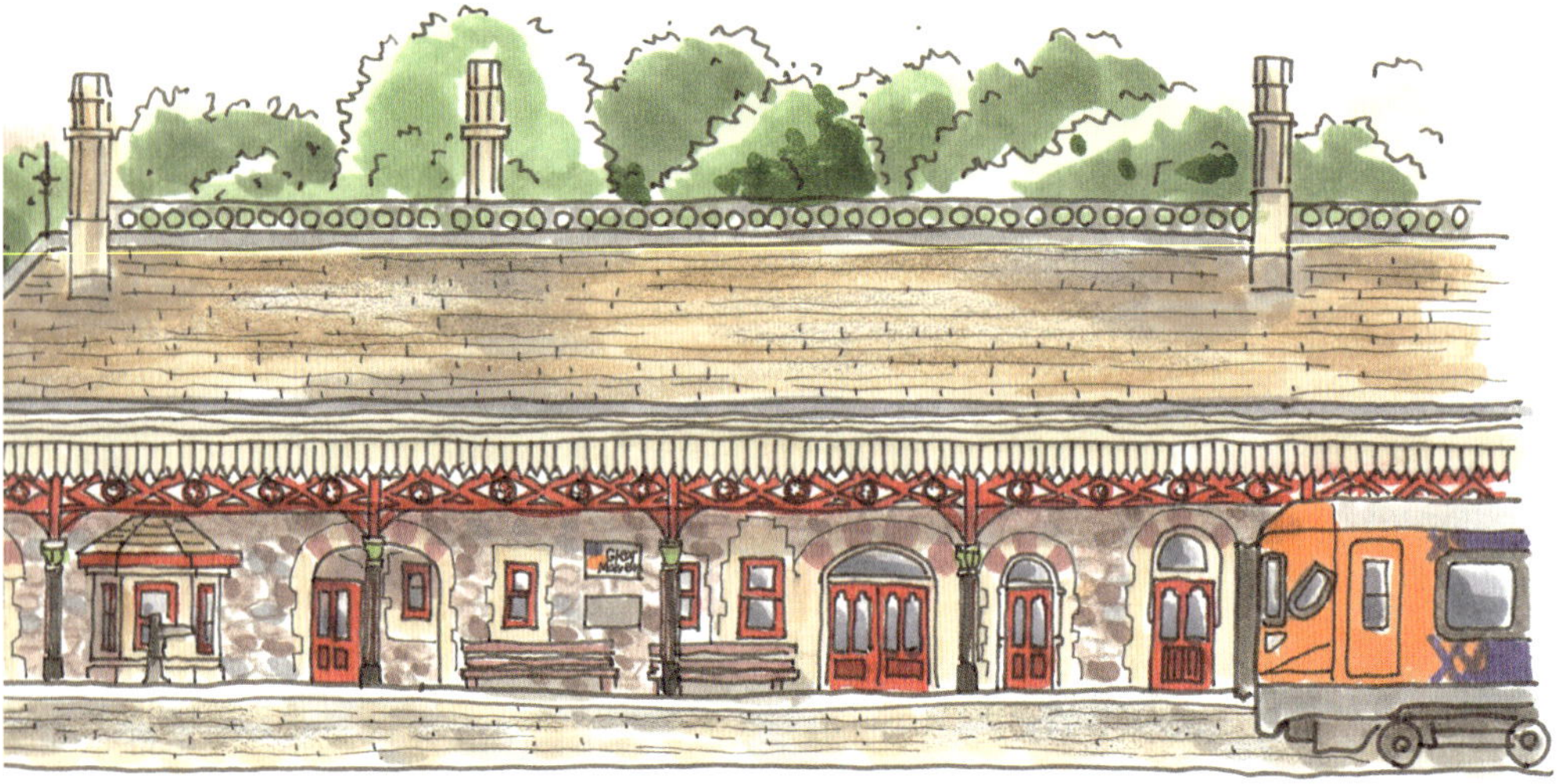

いつか住みたい町

place; **Great Malvern**

[グレート・モーバン]

モーバンヒルズの麓に広がる町。1085 年に修道院が建てられた当時は、静かな農地だった。ジョージ王朝時代、18 世紀後半～19 世紀前半の温泉保養地ブーム時にバースやチェルトナムと同様に保養地として注目された。ヴィクトリア朝時代には二人の医師によって、モーバンヒルズの湧き水による水治療が行われ、丘の魅力と相まって多くの富裕層が住むようになった。かのチャールズ・ダーウィンは何度も訪れていたそう。湧き水の評価は高く、モーバン丘陵の硬い岩石でろ過された水は純度が高く、英国で最初のボトル入り飲料水が生まれた。モーバンの景色は多くの著名人に影響を与え、『ナルニア国物語』の作者C・S・ルイスは、幼少期にこの地で過ごし学校に通っていた。現在は、閑静な住宅地とモーバンヒルズのウォーキングが人気。

Access;

グレート・モーバンまで

ロンドン（London）、パディントン（Paddington）駅からグレート・モーバン（Great Malvern）駅まで約 2 時間 30 分。

グレート・モーバン駅

1861年に開通した駅は、モーバン丘から採れる石でできたヴィクトリア朝時代の美しい駅舎。

この町にはじめて来たのは、英国の一般のお宅訪問の旅を計画した２０１３年。エージェントの紹介で訪れたのですが、ガイドブックにも載っていないこの町のことを何も知りませんでした。ご縁がなければいまだに訪問していない町かもしれません。

前知識を入れていなかったこともあり、駅に着いて駅舎を見た瞬間、あまりの美しさに衝撃を受けました。失礼な言い方かもしれませんが、名もない駅がこんなに美しいのかと心躍りました。英国の奥深さと、底知れぬ魅力への期待が一気に膨らんだ瞬間です。

モーバンで出会った家族とは今でも毎年訪問するほどの仲となり、私にとっては英国の故郷のような場所になっています。街並みをひと言で言えば閑静な住宅地。この町の発展は、裕福な人たちの保養地だったからでしょう。家の大きさに比例して庭も大きいゆとりのある敷地です。駅からメイン通りに向けて歩く街並みには、主に19世紀後半のヴィクトリア朝時代の美しいゴシック建築の家が見られます。

道ゆく人にも住む人にも具合がいい家

道から素敵な家が木々をかすめながら見える具合もいいのです。具合がいいというのは、道行く人も住む人にもいいという意味です。たとえば前庭が小さく、蔦《つた》や草花に囲まれ、家の形がはっきりと見える家は道行く人にとっては嬉しいのですが、住まいが外部の人に見られやすい。大きなお屋敷は住めば完全プライベート空間ですが、外から家は見えません。モーバンの家は、中間をとったような規模感なのです。英国にはそんな閑静な街並みは他にもあるのですが、ここでは背景にあるモーバンヒルズが他では見られない街並みをつくっています。丘に向かってほどよい傾斜があるので、町の見え方にも変化があり、見飽きません。

上のほうの家になると、家からの景色もまた絶景になってきます。保養地として同時代に人気だった近くのチェルトナムと比べると、メイン通りも短く繁栄度は劣るように思われますが、最小限に必要な質のいいお店が揃い、賑やかしさもほどよい。丘に向かってウォーキングコースがあり、景色もよくおいしい水が飲めるこの地に、裕福な人たちが移住してきたのは当然のことと思えます。

のんびり散歩をしていると、公園のほうから音楽が聞こえてきます。日曜の午後、町の中心の公園にあるバンドスタンド（ヴィクトリア朝時代の屋根つき舞台）で演奏が行われるのです。住人は芝生に座りながらのんびり過ごしていて、なんとも穏やか。公園も十分な広さがありますが、モーバンヒルズやコモン（自然の広場）はウォーキングコースとしては最適で、日々気持ちのいい散歩ができます。犬もリードを外してもらい、のびのびと走り回れます。大きい家が多く、ファミリー向けの住環

境のようにも思えますが、今は大きな家も中をマンションのように分割して規模を小さくして住める住居も多くあります。ロンドンから乗り換えしないで行けるのも便利です。
とても穏やかなこの町は、住みたくなる憧れの町。そんなモーバンに荷物を置いて、まるで住人になったような気分で出かけるのは至福のとき。

①アヴェニュー・ロード（Avenue Road）
ヴィクトリアンゴシックのモーバン丘から採れる石で建てられた家。今は採石が禁止されているため、モーバンの石でできた家は貴重。モーバンヒル周辺でしか見られない。

②プリオリー・ロード（Priory Road）
町に連なる家の塀も、すべてモーバンの石。石が硬いため大ぶりなものを、形を揃えることなく使っており重厚感がある。この硬さゆえ、道路舗装石にも使われていた。

学生町の先生の家

place; Rugby

[ラグビー]

その名のとおりスポーツのラグビー発祥の地。イギリスの最高峰の名門校の一つであるラグビー校の町。1823年に学校のグラウンドでフットボールの前身、キックボールのプレー時にある学生がボールを手で抱えてゴールをしたことで生まれたといわれる。その歴史は古く、最初は無償の小学校としてエリザベス1世時代の1567年までさかのぼる。1750年に町の中心から老朽化と手狭さで、現在のオールドスクールの位置に移動した。13歳から18歳までが学ぶボーディングスクールで、イギリスではじめてこのシステムがつくられた。一部を除き全寮制を基本としている。ハウスと呼ばれる寮に紋章とカラーがある。まさに『ハリー・ポッター』の世界で繰り広げられる学校生活と同じスタイル。

Access; ラグビーまで

ロンドン（London）、ユーストン（Euston）駅からラグビー（Rugby）駅まで約1時間。

ラグビー駅

ラグビー駅は2回移設されている。こちらは3回目の1885年の駅舎。2007年に南にプラットホームが追加されるまでは英国で最長の駅だった。現在の駅の入り口は2007年の新しい建物だ。ラグビー駅そのものの歴史は深い。絵は当時のプラットホーム2。今は4。

お宅訪問の旅をしているとき、友人の家族がラグビーに住んでいるということで紹介してもらったのが2015年でした。恥ずかしながらそのときにはじめて、ラグビーがイギリス発祥のスポーツだと知りました。当時ラグビー学校の先生をしていたキャサリンは、学校の近くのテラスドハウスに住んでいました。それから9年、数年前に彼女が寮長になったと聞き再び訪問したいと思っていました。

「寮長」というのは、わかりやすい例えをすると『ハリー・ポッター』に登場する、ハリーの所属するグリフィンドールを率いるマクゴガナル先生のような存在にあたります。『ハリー・ポッター』では入学時に生徒は4つの寮に分けられていましたが、ラグビー校では15もの寮（通学生は二つ）に所属します。

今回は、夏休み期間の生徒たちが寮にいない静かなときに彼女の家に泊めてもらえることになりました。つまり寮長の家に滞在するということ。想像もつかない「先生の家」に心躍ります。待ち合わせのラグビーの繁華街までは駅から歩いて20分ほど。その道のりは、

①BRADLEY寮
メイン通りの一番よい場所に位置する。

私には見慣れたテラスドハウスが並ぶ英国らしい街並み。町のセンターまで行くと、次第に賑やかなショッピングエリアに入ります。そこからもう少し歩くと学校のエリアに入ります。町中は賑やかですが、学校エリアに入ると雰囲気が変わり、芝生の緑がまぶしい大きなグラウンドを中心に学校関係の建物が緑豊かな敷地に点在します。19世紀に建てられたレンガ造りの建物が多く見られます。

寮長の家

キャサリンと再会し、早速家に連れていってもらいます。グラウンド沿いの建物の一つに入り「ここが私の住む家よ」と案内されてびっくり。建物の顔である玄関が寮の入り口ではなく先生の家の玄関扉だったのです。後で外から見える範囲で他の先生の家がそれぞれの寮の建物のどの辺に位置するか、教えてもらいました。共通して建物の顔のような入り口が先生の家の玄関で、生徒たちの入り口のほうが奥まっていて目立

↑キャサリンの家　↑生徒入り口　↑先生の家2

②キャサリンが寮長をするSTANLEY寮
二つの違う様式の建物の間に寮への入り口がある。大きな木に覆われて、入り口は見えない。寮の共用部は3食の食事をする広いダイニングや、中庭に面するリビングルーム、談話室や娯楽室、洗濯室など寮生の生活の場となる。

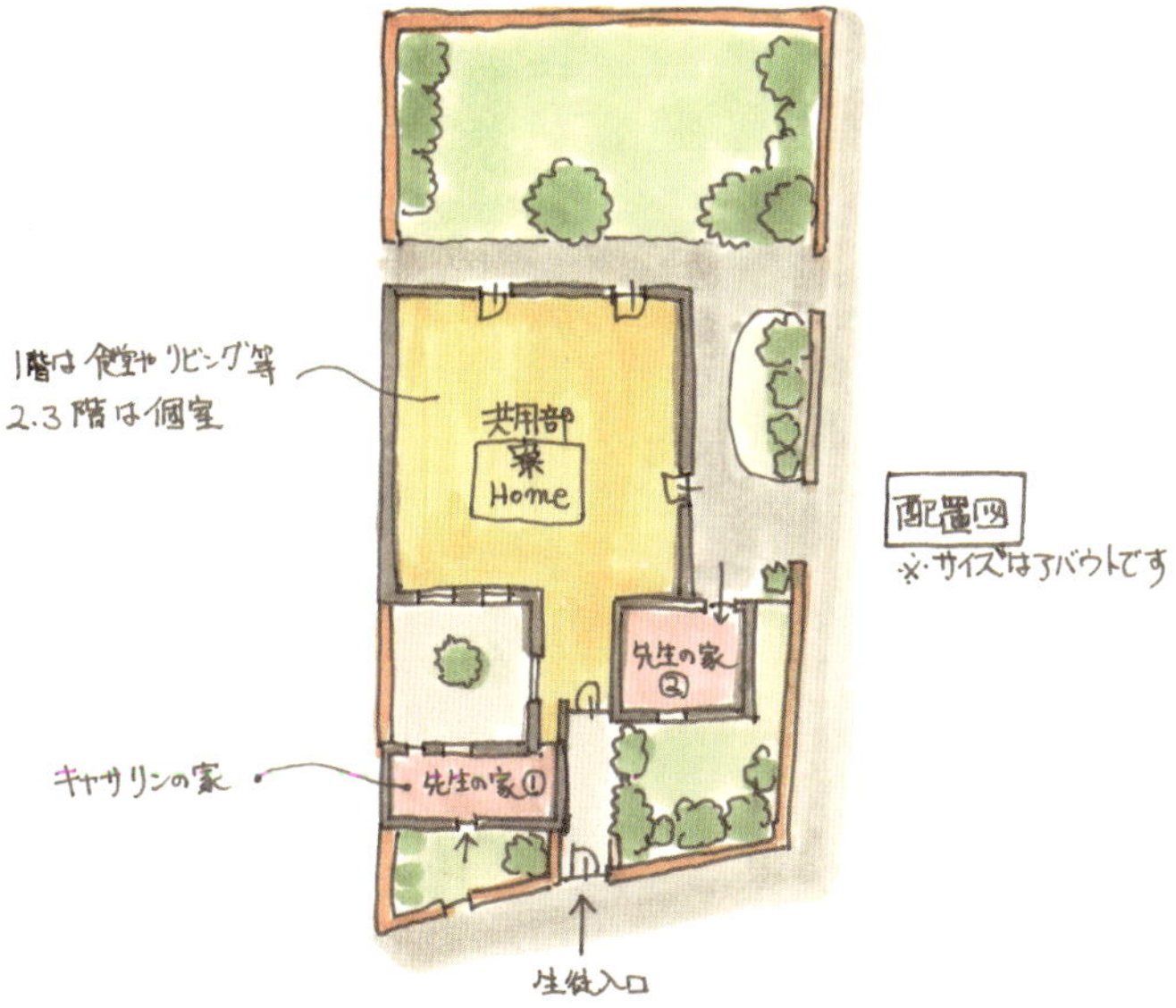

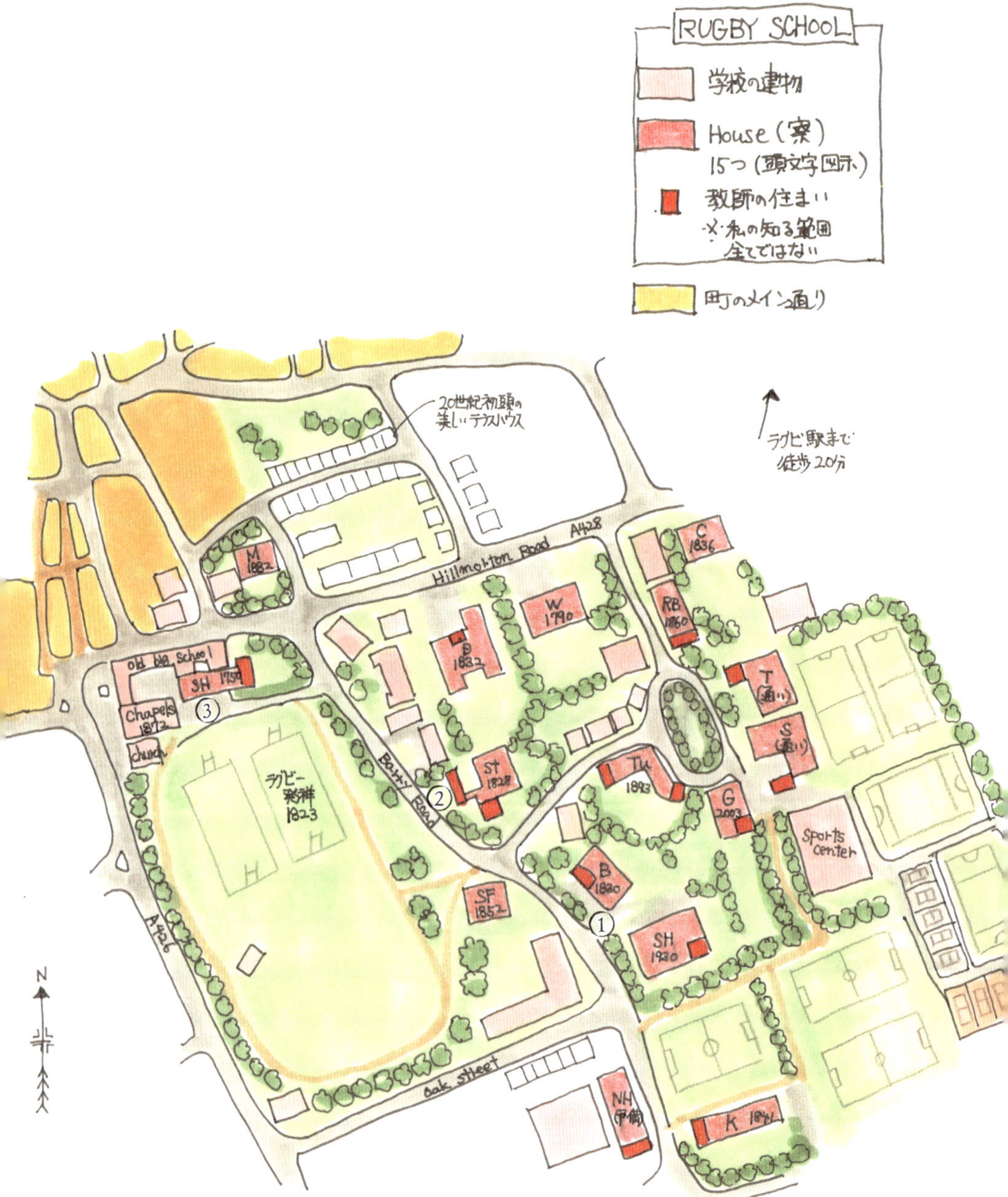
RUGBY SCHOOL
学校の建物
House（寮）
15つ（頭文字図示）
教師の住まい
※私の知る範囲
全てではない
町のメイン通り
20世紀初頭の
美しいテラスハウス
ラグビ駅まで
徒歩20分
Hillmorton Road
A428
M 1882
W 1790
C 1836
RB 1860
D 1832
T (通り)
S (通り)
old big School
SH 1750
Chapels 1872
church
③
ラグビー
発祥
1823
St 1828
②
Barby Road
Tu 1893
G 2003
Sports center
B 1880
①
SF 1852
SH 1930
A426
oak street
NH (予備)
K
N

たないのが面白い。

建物の玄関扉である先生の家の入り口は、まるで個人邸のような雰囲気をまとっているので閑静な住宅街と勘違いしそうになります。早速キャサリンに家の中を案内してもらいます。1階は広いリビングダイニングにキッチン、バスルームにベッドルーム、生徒たちの住む寮に直結する位置に仕事部屋があります。生徒たちが寮から直接先生を訪ねるための扉を開くと、この仕事部屋につながります。1階だけでも広いのですが、2階は家族も一緒に住めるように配慮されていて3つのベッドルームと浴室があります。

一人暮らしの彼女は1階で過ごしているため、私は2階を広々と使わせてもらえるという贅沢な滞在となりました。ちなみに3階は学生寮になっています。

各寮を二人の先生が担当し、2か所に先生の家があります。「STANLEY」には家と家の間に学生寮の入り口があり、その後ろに学生寮が位置しています。寮の顔になる先生の存在感が、住まいからも伝わります。ラグビー校の街並みはケンブリッジやオックスフォードのような大学町の豪華さはありませんが、そうした大学に多く入学する子どもたちの住環境を見られたのはとても興味深いことでした。歴史と自然が身近に感じられる環境は、きっと子どもたちの未来によい影響を与えるに違いありません。

その日は先生の一員になった気分で寮に滞在し、次の日はラグビー近郊にある小さな村、ダンチャーチに向かいました。茅葺き屋根が多く残る、とてもかわいい村でまたここも描きたくなります。イギリスはカントリーサイドに入ると、すぐにかわいい町や村が現れるので油断なりません。

各15のハウスには紋章がある。

⬆SCHOOL HOUSE寮

③1750年、学校の移動時に最初に建てられたがほとんどは1809年から1813年の建築。「SCHOOL HOUSE」寮は礼拝堂の横、グラウンドの前、町の中心に近い場所に位置する。
礼拝堂はラグビー校のシンボル的存在。レンガの細かいデザインが特徴的なウィリアム・バタフィールド（William Butterfield）が1872年に設計した。オールドスクールと隣接し、ラグビーのグラウンドと同じ敷地内にある。

⬆礼拝堂（Chapels）

チェルトナム・スパ駅

2番線の待合室に、英国の民家でよく見るコンサバトリー（温室）が使われているところがツボ。1840年に開業。駅舎の外観はリージェンシー様式。

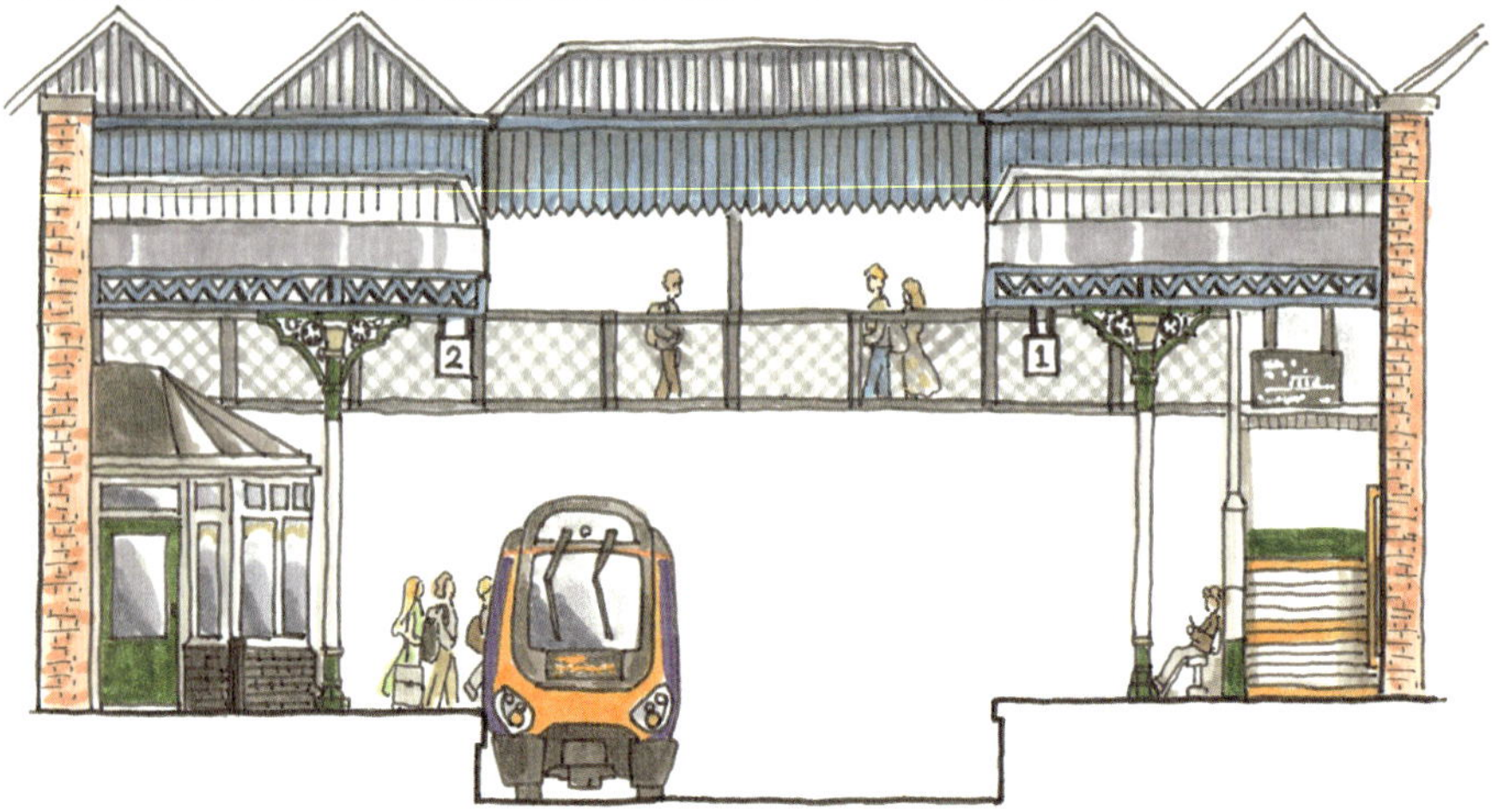

place; Cotswolds

[コッツウォルズ]

英国で最も美しい町

コッツウォルズとは、ロンドンから西のウェールズ近くから北東方向に80キロ以上続く石灰岩の丘陵地帯のことを指す。古代ローマ人によって持ち込まれた長い毛を持つ羊「コッツウォルドライオン」の羊毛貿易によって富を生んだ。16世紀に毛織物工業が活発化。16世紀から17世紀にコッツウォルズの丘から切り出された石灰岩の家が多く残る。18世紀からの産業革命による綿製品の大量生産への移行によって、町は取り残されていくが19世紀にウィリアム・モリス他、文化人によって再評価される。英国を代表する田園地帯として観光客に人気。

Access; コッツウォルズまで

ロンドン（London）、パディントン（Paddington）駅からチェルトナム・スパ（Cheltenham Spa）駅まで約１時間40分。オックスフォード（Oxford）駅からチェルトナム・スパ（Cheltenham Spa）駅まで約１時間50分。

英国のカントリーサイドでかわいい家や街並みを見たいとなれば、まずはコッツウォルズです。「英国で最も美しい景色」と紹介される町はほかにもありますが、コッツウォルズは「英国で最も美しい町」と紹介されます。家を含めた景色と表現されるところにその魅力が集約されています。

コッツウォルズには約100の町や村があるのですが、羊がいる緑の丘が町や村をつなぐその風景が素晴らしい。村の魅力はそれぞれにあり、行き方も目的地によって変わるため計画が必要です。私がはじめて訪問したのは15年前。人気の観光地なので、効率よく巡るロンドン発着の現地バスツアーがたくさん用意されています。1週間のイギリス滞在で別会社の日帰りツアーを2本利用しました。町の選択が違うためです。ツアーの道中、何度「バスを止めて！」と叫びたくなったことでしょう。一つの町の滞在時間が30分と全然足りなくて何度「残りたい！」と叫びたくなったことでしょう。

火がついた私は、翌年再び英国を訪れレンタカーを借りていました。好きな場所に好きなだけ時間を費やし、その場に留まるためにはレンタカーしかありません。英国は日本と同じ右ハンドルで、道路標識も似ているため比較的利用しやすいのです。バスで通れない細い道路がたくさんあり、そこに素敵な家並みがあったりします。何より時間効率がまったく違います。

私はレンタカーはオックスフォードの郊外で借りるのですが、電車を利用するときはチェルトナム・スパ駅を利用します。駅からチェルトナムの町までは少し離れているのが難点ですが、知人が多いため拠点に置くことが多い町です。ちなみに、チェルトナムはコッツウォルズの端に位置していますが、街並みにコッツウォルズらしさはまったくありません。1716年に温泉が見つかってから保養地として人気を博し、当時の建築様式であるリージェンシー様式の建物が並ぶ、また別の魅力のある町です。この町からは、コッツウォルズの村行きのバスがたくさん発着しています。

The perfect Cotswold town
チッピングカムデン
Chipping Campden
ヘルフォードへ
Helford
②
ブロード・カムデン Broad Campden
ブロックリー Blockley
A44
モートン・イン・マーシュ
Moreton-in-Marsh
駅
ロンドンから
1時間40分
N
A
A424
スローター
The Slaughters
ストウ・オン・ザ・ウォルド
Stow-on-the-wold
チッピングノートン
Chiping Norton
Venice of the cotswolds
ボートン・オン・ザ・ウォーター
Bourton-on-the-water
A44
A429
A424
A361
C
③ Gateway to the Cotswolds
バイブリー
Bibury
①
バーフォード
Burford
B4425
Most beautiful village
A40
Heven on earth
ケルムスコット
Kelmscott
バンプトン
Bampton
⑤
オックスフォード
Oxford
駅
ロンドンから
1時間10分
コルン川
A417
テムズ川
ファーリンドン
Faringdon
A361
A419
M4
スウィンドン
Swindon

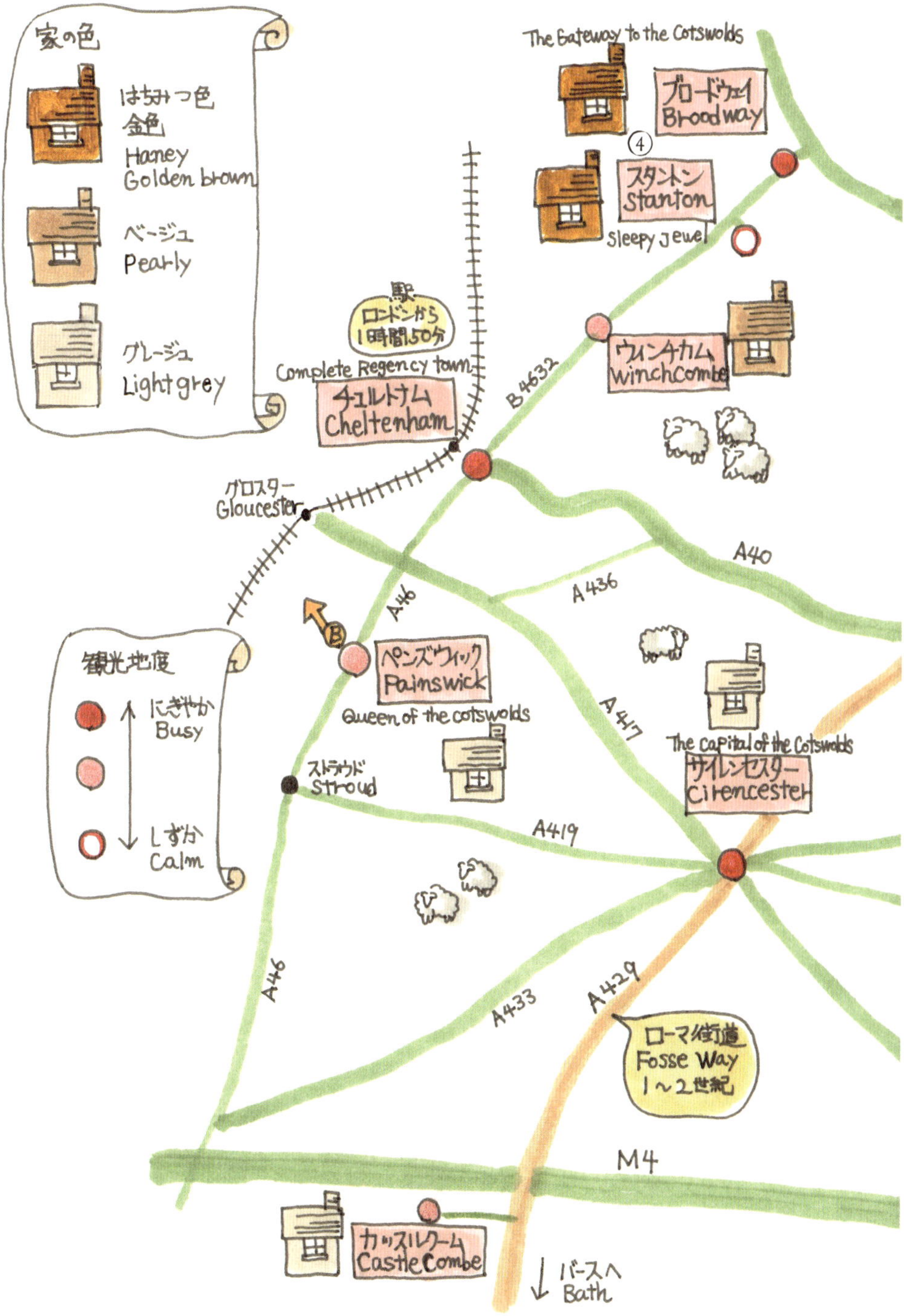

家の色
はちみつ色
金色
Honey
Golden brown
ベージュ
Pearly
グレージュ
Light grey
観光地度
にぎやか
Busy
しずか
Calm
The Gateway to the Cotswolds
ブロードウェイ
Broadway
④
スタントン
Stanton
Sleepy Jewel
駅
ロンドンから
1時間50分
Complete Regency town
チェルトナム
Cheltenham
ウィンチカム
Winchcombe
B4632
グロスター
Gloucester
A40
A436
A46
ペンズウィック
Painswick
Queen of the cotswolds
A417
The capital of the Cotswolds
サイレンセスター
Cirencester
ストラウド
Stroud
A419
A46
A433
A429
ローマ街道
Fosse Way
1〜2世紀
M4
カッスルクーム
Castle Combe
バースへ
Bath

Bibury［バイブリー］

自然への原点回帰

コッツウォルズといえば、ファブリックデザインで有名なウィリアム・モリスの聖地です。ケルムスコットにはモリスの別荘があり、多くのデザインが生み出された場所でもあり、モリスの理想の地でした。私も例外なく彼のファンなので、どういった環境から生まれたデザインなのか、また彼の定義する美しい村「川に架かる石橋と民家、そこに暮らす簡素な生活の匂いがする所」とはどんなところなのか。「庭は家の周辺地域をつなげるために建物がまとうものであり、家の一部として存在すべき」とはどういう状態なのか――コッツウォルズに来たら、理屈ではなく五感で激しく同意してしまいます。

村と自然がグラデーションのように自然に溶け込んでいます。コッツウォルズの丘で採れた石で壁も屋根も垣根もできた家は、鳥が小枝で巣をつくるごとく自然で、人間もそこに息づく動物に過ぎないという原点に立ち返らされます。

イギリスに素敵な町は数多くありますが、自分が土に返っていくイメージまでできるのはコッツウォルズならではと思いま

① ウィリアム・モリスが「最も美しい」と言った村、バイブリー。コテージ群、アーリントンロウは1380年頃に修道院の羊毛庫として建てられ、17世紀に住居に改装されてから、今もなお人が住む。

す。今回はいろいろな町を一気に回ることでコッツウォルズの土地感を体感したいと思いました。車でぐるりと一周すると、同じコッツウォルズの石を使った街並みも、丘の起伏の変化と担ってきた役割で、魅力のポイントはさまざまです。7月下旬は存在感のあるホリホック（タチアオイ）やラベンダーが家のまわりを彩っていて美しい。町でゆっくり景色を見ながらお茶をしてこそよさを味わえると思いながらも、少しでも家を多く見たくて慌ただしい過ごし方になってしまうのが常です。

「かわいい家」を選ぶとなると、私は北のチッピング・カムデンやブロード・カムデン。この辺りには茅葺き屋根の家が多く、石のはちみつ色も濃いので、より家のフォルムのかわいらしさが際立って見えます。ドライブ中に丘から見えるおすすめの景色は、ブロックリーからモートン・イン・マーシュに行く下り坂、ボートン・オン・ザ・ヒル（Ⓐ）、ペンズウィックから見下ろすグロスターの町（Ⓑ）でしょうか。車は混雑していますが、バーフォードの町に入った瞬間の景色もいいものです（Ⓒ）。

ウィリアム・モリスのスピリッツを感じるには、南東のバイブリーとケルムスコット、バーフォードを合わせて見るのがおすすめです。

Broad-Campden
[ブロード・カムデン]

Burford
[バーフォード]

Stanton
[スタントン]

②小さな村だが茅葺き屋根のかわいい家の多い町。
隣のチッピング・カムデンとともに訪れたい。

③町の中心を走るハイ・ストリートの両脇に、コッツウォルズの小ぶりな家が並ぶ。
坂の中腹から下はショップが連なる。イラストは坂の上の民家。
坂の上から町を見下ろしたときが圧巻。いつも車で渋滞している。

④静かな住宅街。眠れる宝石「Sleepy Jewels」とも呼ばれる。
乗馬クラブが近くにあり、乗馬を楽しむ人がよく通る。

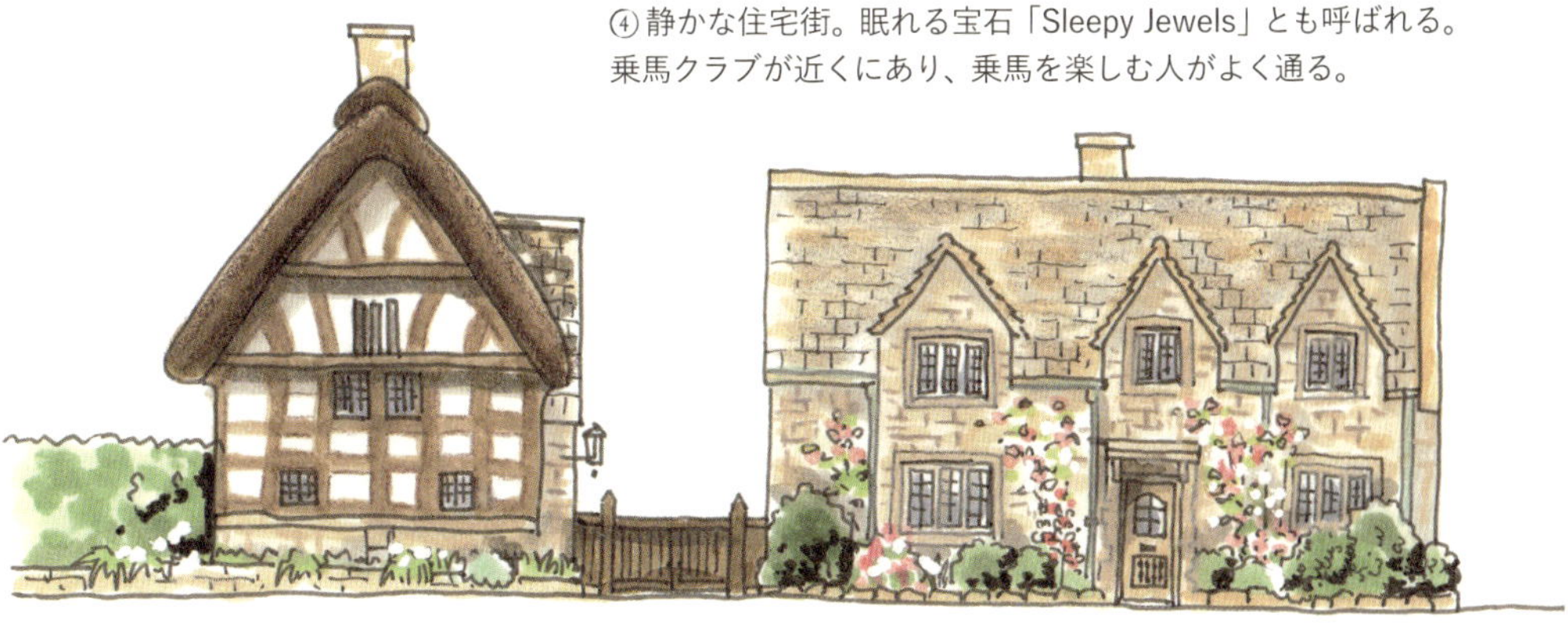

マシュー・ライス氏のゲートハウス

コッツウォルズは、今回は旅の中盤に訪問したいと思っていたのですが、「ハムコート」のオープンガーデンがあることを知り、早々に向かいました。ハムコートとはコッツウォルズ南東部のバンプトンという村にある中世初期のバンプトン城のこと。バンプトンは、2010年から2015年に放映された英国の人気ドラマ『ダウントン・アビー』のロケ地となった町で、通称「ダウントン村」として有名になりました。

最初に私が行ったきっかけは、まさにそのドラマの影響でした。2016年でした。そのときはハムコートの存在に気づきませんでした。町と隣接しているのですが、道からはまったく見えません。お城といってもだいぶ前に崩壊しており、今は正面の一部が家として残っているだけです。そして個人邸となっているので、普段は入ることができません。その家主が英国で有名な画家でありデザイナーのマシュー・ライス（Matthew Rice）であることを知ったのは2023年のことでした。彼はイギリスの草花や建物などを描き、数々の本を出しています。日本でも有名な「エマ・ブリッジウォー

ター」という陶器ブランドの絵のデザイナーとして活躍。彼の本が日本で翻訳される際にコメントを書かせてもらった縁で2023年に訪問しました。今回オープンガーデンの告知を見て、また会いに急遽《きゅうきょ》訪問することにしたのです。

草花がいきいきと美しいガーデンに鶏、山羊、豚が自由に暮らす広い敷地。住まいとなる建物は、1315年に建てられたお城を一部として増改築されたゲートハウスです。崩壊し、入り口部分が埋められたのも500年前に遡《さかのぼ》ります。それから増改築を繰り返された複雑なフォルムがたまりません。そして、今の城主であるマシュー・ライス氏はフレンドリーな人で惜しみなくたくさんのことを教えてくれて感激したものです。

今回も快く迎えていただき、彼の家を描くことも快諾してくれました。スケッチをしていると、オープンガーデンに来ている人が声をかけてくれます。「私もスケッチが好きなのよ」とスケッチブックを取り出し見せてくれる人もいます。イギリスではその恵まれた風景からか、スケッチや水彩画を趣味に持つ人が多いようです。オープンガーデンではハンドメイドのケーキやお茶もふるまわれており、訪問者はガーデンの好きな場所に座って癒やしの時間を過ごします。私もレモンケーキと紅茶をいただきました。

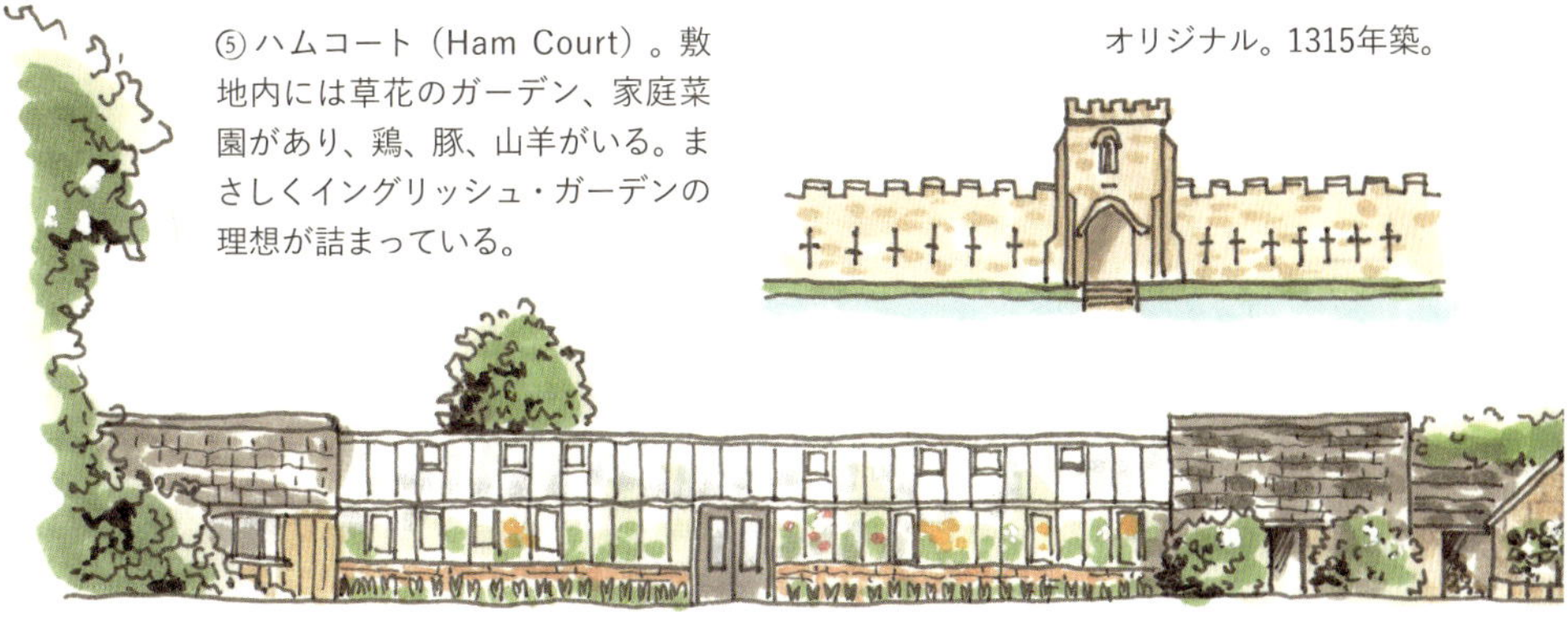

⑤ハムコート（Ham Court）。敷地内には草花のガーデン、家庭菜園があり、鶏、豚、山羊がいる。まさしくイングリッシュ・ガーデンの理想が詰まっている。

オリジナル。1315年築。

place; Stratford-upon-Avon

[ストラトフォード・アポン・エイヴォン]

シェイクスピアの故郷で見つけた500年前の家

エイヴォン川のほとりに位置し、ローマ時代から集落として存在していた。中世は市場町として賑わい、羊毛や革製品の加工などで活気のある町だった。劇作家のウィリアム・シェイクスピア（1564 年～ 1616 年）が生まれ育った地として有名。劇作家としての活動はロンドンだが、生家や妻の実家などゆかりの建物の多くがこの地に現存するためシェイクスピアの聖地として世界中から多くの観光客が訪れる。バーミンガムから運河が通っており、19 世紀前半までは埠頭として重要な場所だった。産業革命の中心地とならなかったこともあり、主に 15 世紀から 17 世紀の街並みが残る、当時の木造住宅が多く見られる。

Access;

ストラトフォード・アポン・エイヴォンまで

ロンドン(London)、マリルボン(Marylebone)駅からレミントン・スパ(Leamington Spa)駅で乗り換え、ストラトフォード・アポン・エイヴォン(Stratford -upon-Avon)駅まで約 2 時間 30 分。

バーミンガム・ムーアストリート（Birmingham Moor Street）駅からストラトフォード・アポン・エイヴォン（Stratford -upon-Avon)駅まで約 1 時間。

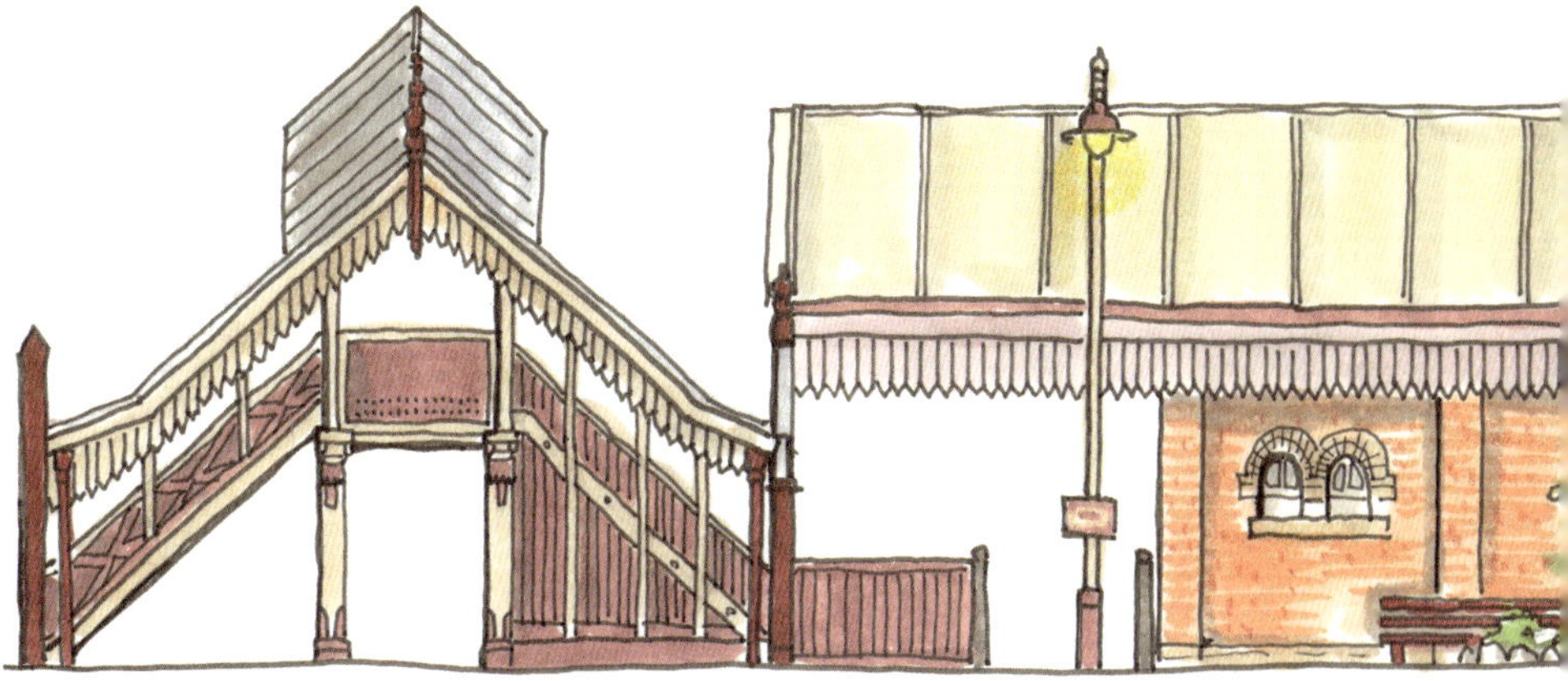

ストラトフォード・アポン・エイヴォン駅

1859年に開通した路線の終点にあたる。グレイッシュピンク色のかわいい駅。

この町を最初に訪れたのは、学生時代の語学研修のとき。週末のバスツアーで「シェイクスピアの生家」を見に来たという記憶だけあります。その後2013年のお宅訪問の旅で滞在した家の一つが、ストラトフォード・アポン・エイヴォンでした。シェイクスピアゆかりの建物、劇場、パブ、宿も公園もすべて町の中心地に揃っていて、観光地としてはとてもバランスがいい町です。

かわいい茅葺き屋根の家並み

どの町でもいえることなのですが、私は観光地から少し道を逸れて人が住んでいる住居を見るのが好きなのです。少し大きな町になるとどうしても店舗が中心の商業的要素が多くなるため、この地の素朴で本質的な要素を見るには道を一本外す必要があります。シェイクスピアゆかりの建物の中で、町の中心から少しだけ離れた「アン・ハサウェイの家」というシェイクスピアが新婚時代を過ごした妻の実家が現存します。この家に向かう道が、少し町中から外れた風景を見ながら、30分くらい歩くのにちょうどよいのです。

ウィリアム・シェイクスピア／イングランドの劇作家・詩人（1564年－1616年）

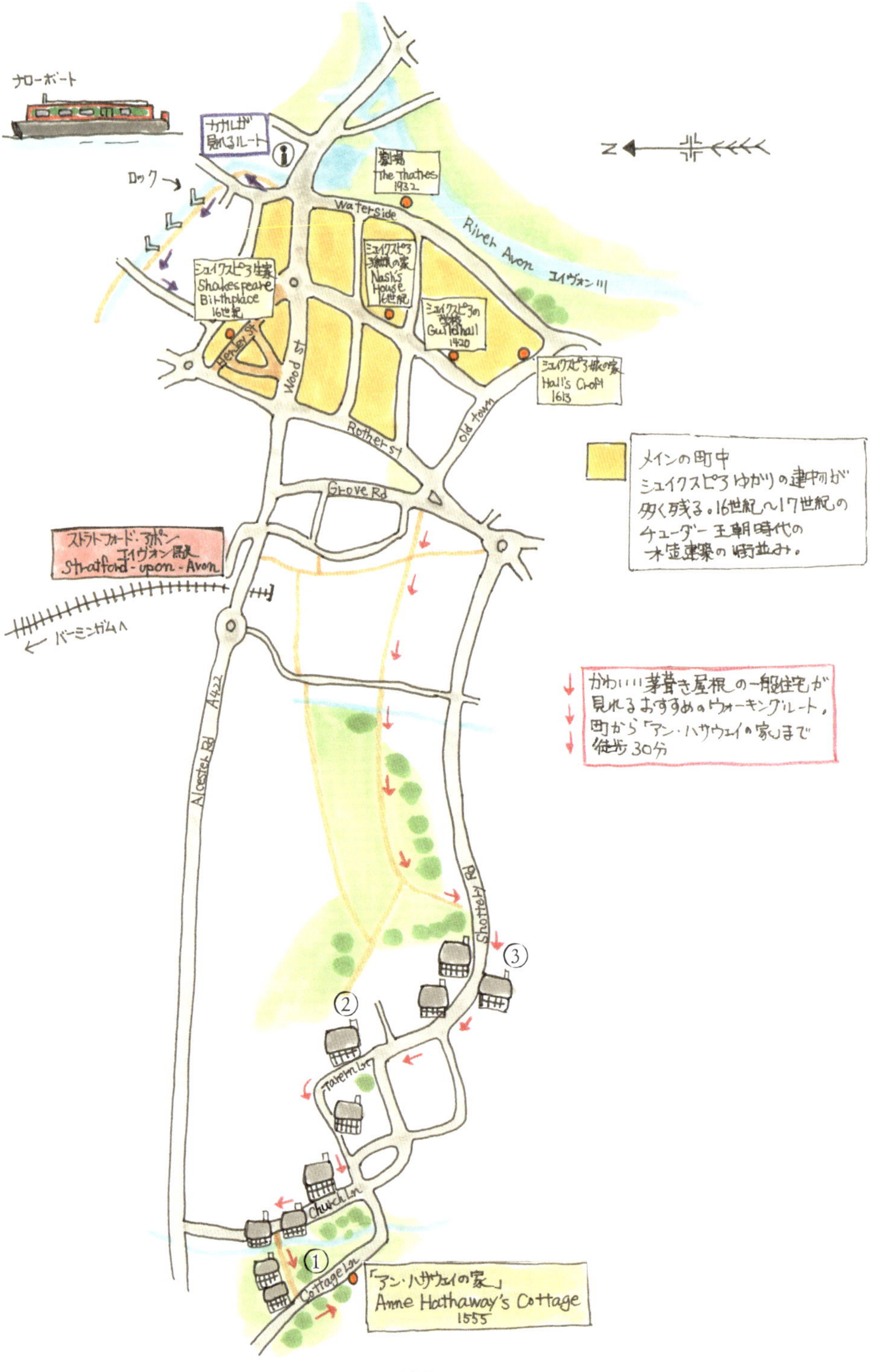
ナローボート
ナカルが見れるルート
ロック
劇場
The Thatches
1932
Waterside
River Avon
エイヴォン川
シェイクスピア孫娘の家
Nash's House
16世紀
シェイクスピア生家
Shakespeare Birthplace
16世紀
シェイクスピアの学校
Guildhall
1420
シェイクスピア娘の家
Hall's Croft
1613
Henley St
Wood St
Rother St
Old town
Grove Rd
メインの町中
シェイクスピアゆかりの建物が多く残る。16世紀〜17世紀のチューダー王朝時代の木造建築の街並み。
ストラトフォード・アポン・エイヴォン駅
Stratford-upon-Avon
バーミンガムへ
A422
Alcester Rd
かわいい茅葺き屋根の一般住宅が見れるおすすめのウォーキングルート。町から「アン・ハサウェイの家」まで徒歩30分
Shottery Rd
Tavern Ln
Church Ln
Cottage Ln
「アン・ハサウェイの家」
Anne Hathaway's Cottage
1555

アン・ハサウェイの家のオリジナル部分は、1463年に木造茅葺き屋根でできた家。私は、特別に保護されそこだけに残る唯一の家だと思っていました。ところが、その家にたどり着くまでの道中、同じ造りの茅葺き屋根の家のオンパレードではありませんか。500年以上前の家が普通の街並みとして存在し、日常が伴っています。そして、ぽてっとした茅葺き屋根の家に癒やされます。今回6年ぶりに、同じ道を歩いてみました。

茅葺きが葺《ふ》き替えられてきれいになった家や少し朽ちてしまっている家など、家の様子は年月を重ねていますが、変わらず誰かが住む家であることに安堵しました。

もう一つ道を外れて歩いてみたいルートがあります。エイヴォン川につながるカナル（運河）です。町のインフォメーションのすぐ近くにカナルに降りられる道があり、さらにその横にある歩道、トゥーパスを少し歩くと、カナルのしくみがわかります。水位を手動で変える「ロック」（水門）があるのです。運がよければ、ナローボート（カナルボート）の走行中に出合え、運河の水位を変える動作が見られるかもしれません。私は運よくその作業中の人たちに出合えてじっくり見せてもらえました。

観光地のまわりに英国ならではのライフスタイルが散らばっているという意味でも、ストラトフォード・アポン・エイヴォンはかなり面白い。バスツアーの観光客がメインの建物だけ見て、いそいそと帰ってしまう姿を見るたび、「こっちをのぞいたら面白いよ」と言いたくなってしまうのですが、かつて最初に私が訪問したときもそうだったと思い返します。イギリスの街並みは歩いて散策するのが一番面白い。

①チャーチレーン（Church Lane）とコテージレーン（Cottage Lane）を横切るフットパス（Foot Path）。木々に囲まれる土手沿いに茅葺き屋根が点在する。自然の中にある雰囲気が好き。

②タバーンレーン（Tavern Lane）沿いには素朴な家が並ぶ。

③ショッテリーロード（Shottery Road）に面してある茅葺き屋根の家。
屋根の複雑さに合わせて葺かれている屋根が魅力。

シェリンガム駅

当時の蒸気機関車の駅で、今は観光のために楽しませてくれる起点駅と、現在の鉄道路線の終点が直線上にある。鉄道駅はプラットホームがあるだけの簡素なもの。オリジナルの駅はヴィクトリア朝の駅で、趣がある。

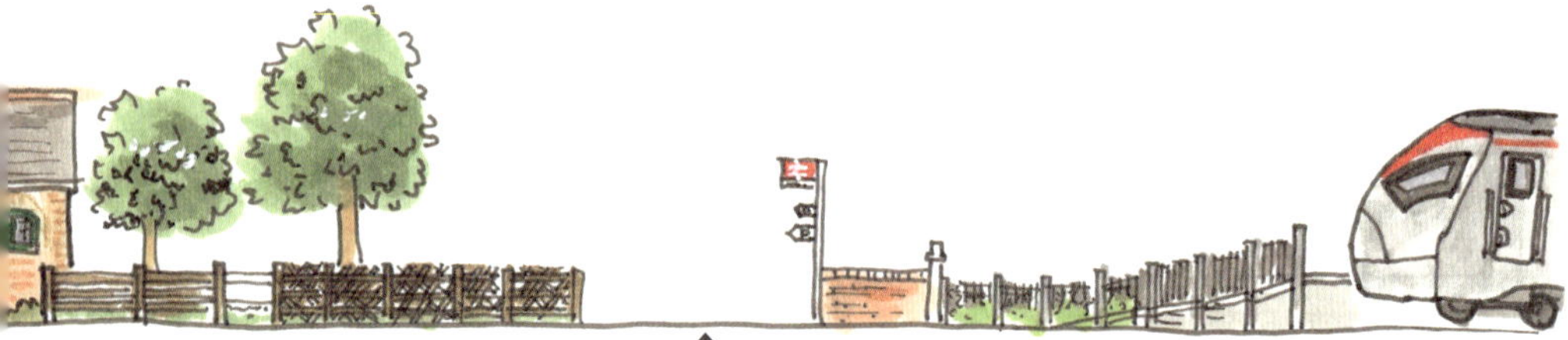

ステーション・ロード（Station Road）　現在の鉄道、シェリンガム駅

place; Sheringham

［シェリンガム］

海沿いの小石の家

ノーフォーク州にあるシェリンガムは、魚やカニ、ロブスターなど多くの海産物が獲れる漁師町として発展。造船業も盛んで船大工や鍛冶屋、縄職人などが自給自足の暮らしをしていた。冬になると海岸にある丸石（フリント）を拾い、外壁の建築資材をつくっていた。この丸石を使った外観を持つ家が、シェリンガムの町の特徴。この石は陶器を強化するために石を粉にして粘土に入れて使われたり、鉄砲の火打石としても使われていた。当時は毎冬500トン以上のフリントが拾われていたが、1969年に防波堤としての役割に懸念が持たれ禁止となっている。

1887年に鉄道が通るようになると観光業が発展し、町が栄える。1967年国鉄によって新たに開業され、元の駅は閉鎖されたが1970年にボランティアによってこの地域を走る蒸気機関車が復活し2005年、運行開始50周年を迎えた。

Access;

シェリンガムまで

ロンドン（London）、リバプール・ストリート（Liverpool Street）駅からノリッジ（Norwich）駅で乗り換え、シェリンガム（Sheringham）駅まで約3時間。ケンブリッジ（Cambridge）駅からノリッジ(Norwich)駅で乗り換え、約2時間30分。

蒸気機関車の駅（オリジナルのシェリンガム駅）

海岸で採れる小さな丸石であるフリントを外壁に使った家を見たくて、ここを訪れました。英国の古い家というのは、地場の材料で造られています。森のあるエリアは木造で、石のエリアは石であるのはわかるのですが、石ころまでが建材として利用されていることに驚いたものです。フリントを使った家はこのエリアの他、イングランド南部でも見られますが、南部はフリントより横板張りの家が多く見られます。教会などでは、手間がかかった手法であるフリントをカットしたものが外壁として使われています。ライ（P.24）の教会もそうです。

シェリンガムでは、フリント石のあらゆるデザインを使った家の街並みが見られ、ビーチ小屋もあり、「海辺の町」を全身で感じることができます。町自体は大きくはないので、一日あれば十分見て回れるでしょう。どちらかというと何かを見て回るより、ビーチでまったりと過ごすための観光地。蒸気機関車の発着駅があるのも魅力で、多くの家族連れで賑わっていました。

家並みを見るには、やはりメインストリートから1～2本ずらした道がおすすめです。多くはシェリンガムが栄えた19世紀後半から20世紀前半の建物。窓まわりや家の角などはレンガを用いていますが、その間の壁は、セメントにフリント石を埋め込んでいます。カッ

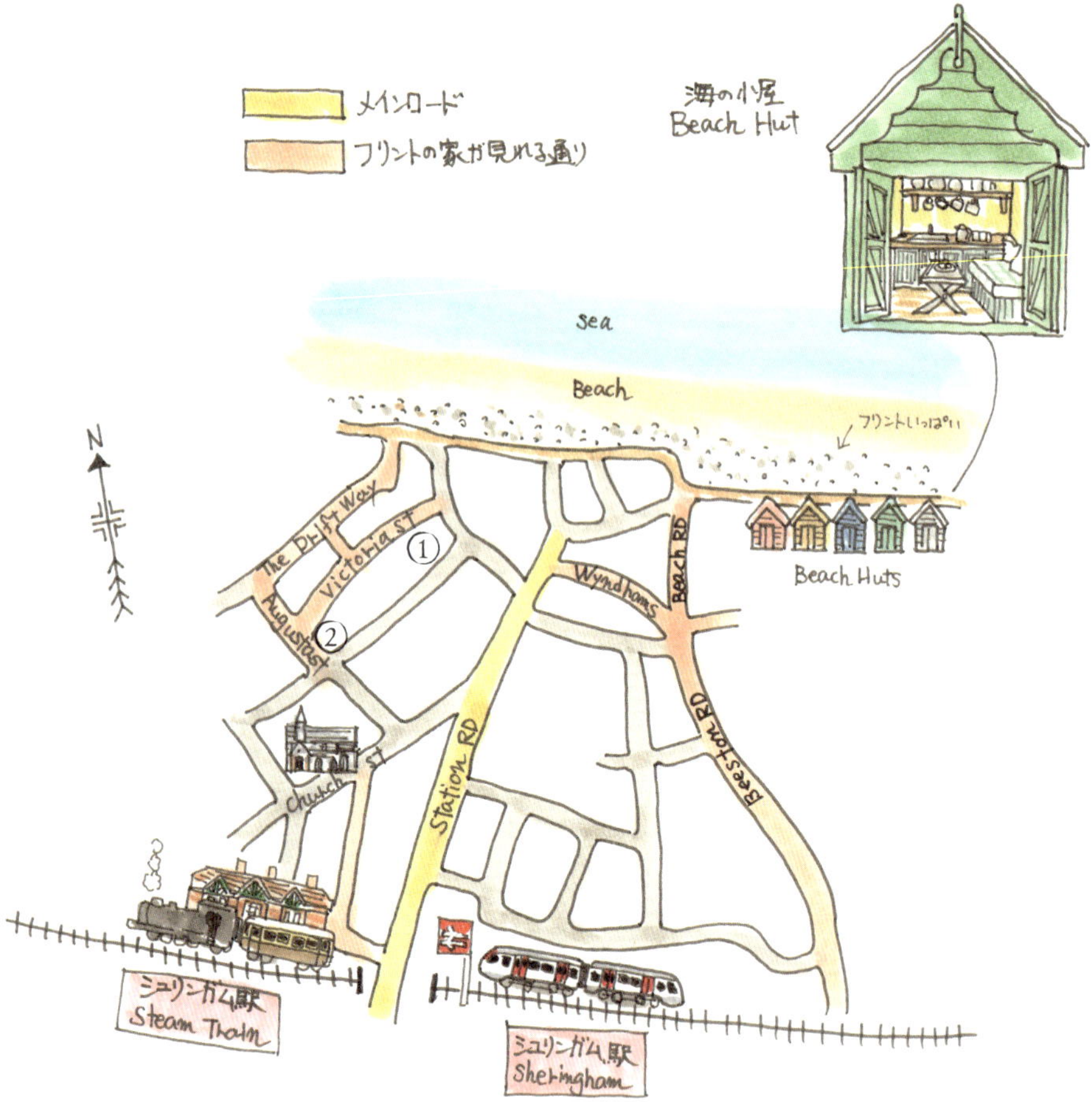

フリントの建物 Flint Building

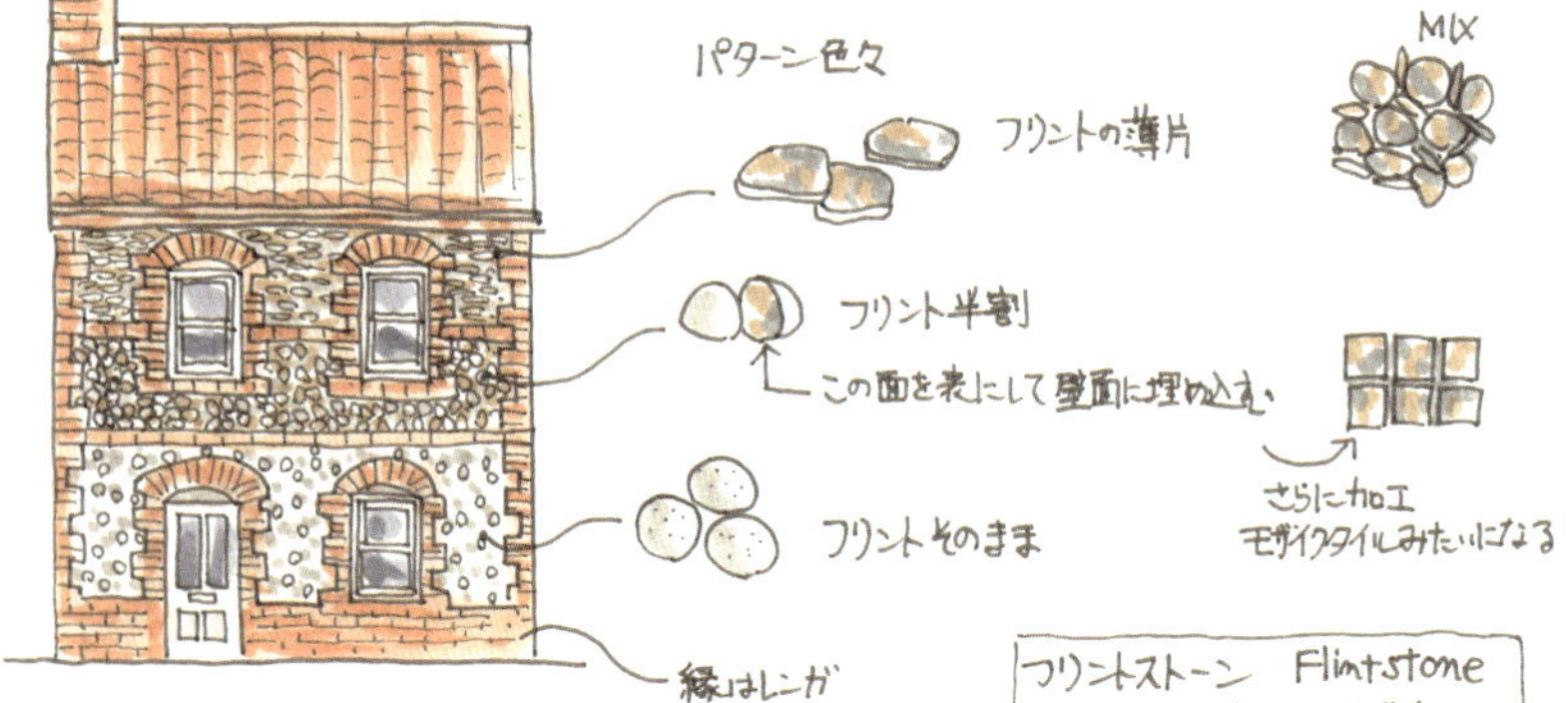

フリントストーン Flintstone
硬い石だが加工はしやすい
割った面はガラスのような光沢
乾燥すると灰色 湿ると青灰色

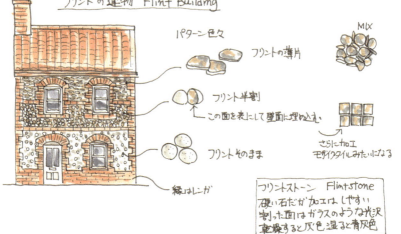

トしたものをデザインして組み込んだり、レンガと組み合わせたりとフリントならではの面白いデザインがたくさん見られます。石を半分に割ったものは、断面に艶があり自然の模様も美しい。石をはめ込んだだけのものもあります。海辺に行けば、まさに使われている丸石が大量にあり、その地にあった家だとわかりやすく確信できます。

キッチンのあるビーチハットでのんびり

シェリンガムの夏。潮が引いているときは砂浜が広がり、多くの人がテントを建てて楽しんでいます。海辺沿いには「ビーチハット」といわれるビーチ小屋がたくさん並びます。カラフルでかわいい小さな小屋は、レンタルで年間契約できるそう。ミニキッチンやベンチなどが揃っていて、電気や水道も通っています。浜辺を眺めながらお茶をしたり本を読んだりと自分のペースでのんびりできそうです。

一軒のビーチハットをのぞいてみました。素敵な造り付けのソファ、使いやすそうなミニキッチンに好みであろうマグカップなどの食器が並んだ持ち主カラーの内装になっていました。年間何日使えるのかなとも思いましたが、ビーチハットのレンタル契約はキャンセル待ちが出るほど人気だそう。

以前ここで食べたフィッシュ＆チップスが私史上一番美味しかったので、それも楽しみでした。しかし、フィッシュ＆チップスのお店が多く、当時どこで買ったのかを思い出せません。海辺に一番近いお店のものを食べてみましたが、感動するまではなかったので多分違ったのでしょう。店名はメモしておくべきでした。フワフワのタラが忘れられません。

② オーガスト・ストリート（Augusta Street）

レンガの間のボーダー

レンガの間に正方形で
アクセント模様。

ベースはフリント石をそのまま使っているが、所々にフリントを
半分に割った面でデザインや質感を変えた外観になっている。

①ヴィクトリア・ストリート（Victoria Street）

石を使ったさまざまなデザインがあるので、塀だけ見ていても楽しい。
お団子のように積み上げているものも。

place; Saffron Walden

[サフロン・ウォルデン]

町の歴史は古く、1140年頃に建てられたウォルデン城跡が残る。15世紀は羊毛の市場町として栄え、16世紀～17世紀にはサフロンの産地として富を成したが1790年に衰退。18世紀～19世紀は地域全体でビール製造用の大麦の麦芽の製造地となる。町の名前のとおりサフロン産業の繁栄とともに栄えた町であり、当時の栄華が垣間見える街並みが残る。

サフロンとはサフロン・クロッカスの花の柱頭から抽出されたもので、染料や薬、調味料、香水をつくることができた。地場の植物ではないクロッカスは、伝承によるとエドワード3世(在位1327年-1377年)の時代に巡礼者の杖の底に球根が入り、東部地中海沿岸から英国に持ち込まれたといわれる(諸説あり)。現在はロンドンからも通勤圏内のエリアであるため、住宅地として人気がある。

カラフルで装飾豊かな町

Access;
サフロン・ウォルデンまで

ロンドン（London）、リバプール・ストリート（Liverpool Street）駅からオードリー・エンド（Audley End）駅まで約1時間。ケンブリッジ（Cambridge）駅からリバプール・ストリート（Liverpool Street）駅までは約10分。オードリー・エンド（Audley End）駅からはバスで約10分。

オードリー・エンド駅

サフロン・ウォルデン駅は1865年から1964年まで存在していたが、廃線となり現在は隣駅だったオードリー・エンド駅が最寄り駅になっている。現在サフロン・ウォルデン駅舎は、パブとして住宅地に存在している。この駅と似ている。

ケンブリッジから日帰りで行けるサフロン・ウォルデンの訪問は、２０１３年以来です。当時ケンブリッジに1週間滞在したステイ先のお母さんの家がサフォーク地方にあり、車で向かう道中に立ち寄ってくれた町でした。

木造住宅のカラフルな街並みがとても印象的でした。英国中東部も郊外に出ると、地域独特のかわいい街並みが見られます。

当時、このエリアに来たら見たい家がありました。「サフォークピンク」と呼ばれるピンクの家がこのエリアには多いと聞いていたのです。別のエリアでピンクのかわいい家を見たとき「サフォーク地方に行ったらピンクの家がたくさん見られるよ。なんと豚の血を塗料に使った家なんだ」というから、驚きとともに興味津々でした。

今は、そのような塗装方法は行われていませんが、その伝統的手法があったためかピンク色の外壁をよく見かけます。今回は、じっくり家巡りをしたいという思いがあっての再訪問です。

「サフロンクロッカス」デザインの
スタンプ ①と②で
使われている

使用例

パーゲッティング
Pargetting
湿った状態の漆喰の表面に型を押して凹凸でパターン模様を作ったり、浮き彫りのある絵を細工してデザインする

サフォークピンク
サフォーク地方で見られるピンクの家
昔は豚の血で着色したバターミルクを含んでいた。
植物、ブラックソーンを使うとより赤くできる

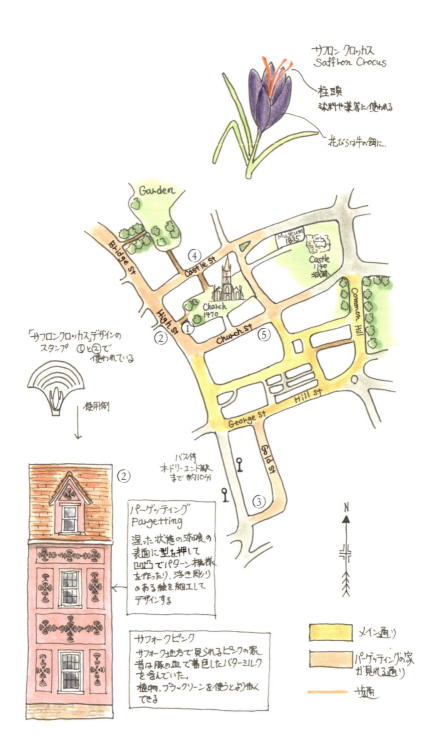

魅惑のカラフルな漆喰

この町に一人で来るのははじめて。ケンブリッジ駅前に宿をとったこともあり、近くて安心していましたが、10分で行く電車が朝からずっと「キャンセル」で、訪問の目途が立たないので、シェリンガムと行く日をチェンジしました。英国では、「キャンセル」といって電車が来ないことがあります。これで旅の予定が大幅に変わってしまうので、計画にはゆとりが必要なのです。

翌日は土曜日だったので、マーケットが開いていました。地元の人で賑わい、小さい町が活気にあふれています。今回は博物館にも立ち寄り、この町のことをより知ってから見ることができたのがよかった。なんとこの博物館、国内最古の一つでした。住宅は、カラフルな家と表面の漆喰《しっくい》に凹凸模様が施された壁、パーゲッティングが見どころです。地域特有の家を見るのが旅の楽しみである私としては、こういった町に出合えることが何よりの喜び。今回はクロッカスの花モチーフの模様のパーゲッテイングが施された家があることを博物館で知り、早速町中を探して回ることにしました。

扇の模様は多いのですが、クロッカスデザインは意外と少なく、町内で見つけたのは2軒（①②）だけ。漆喰の凹凸模様はメンテナンス不足で風化したりはがれてしまっている家も見かけたので、500年の年月のうちになくなってしまった家も多いかもしれません。現在は、道添いの家のほとんどがリスティッドビルディング（歴史的建造物）に指定され保護されています。かつては、紫色のクロッカスの花畑で囲まれた町だったそう。またクロッカスの花のシーズンに来てみたい。

③ゴールド・ストリート（Gold Street）
16世紀の家が多い。さまざまなパターン模様が見られる。

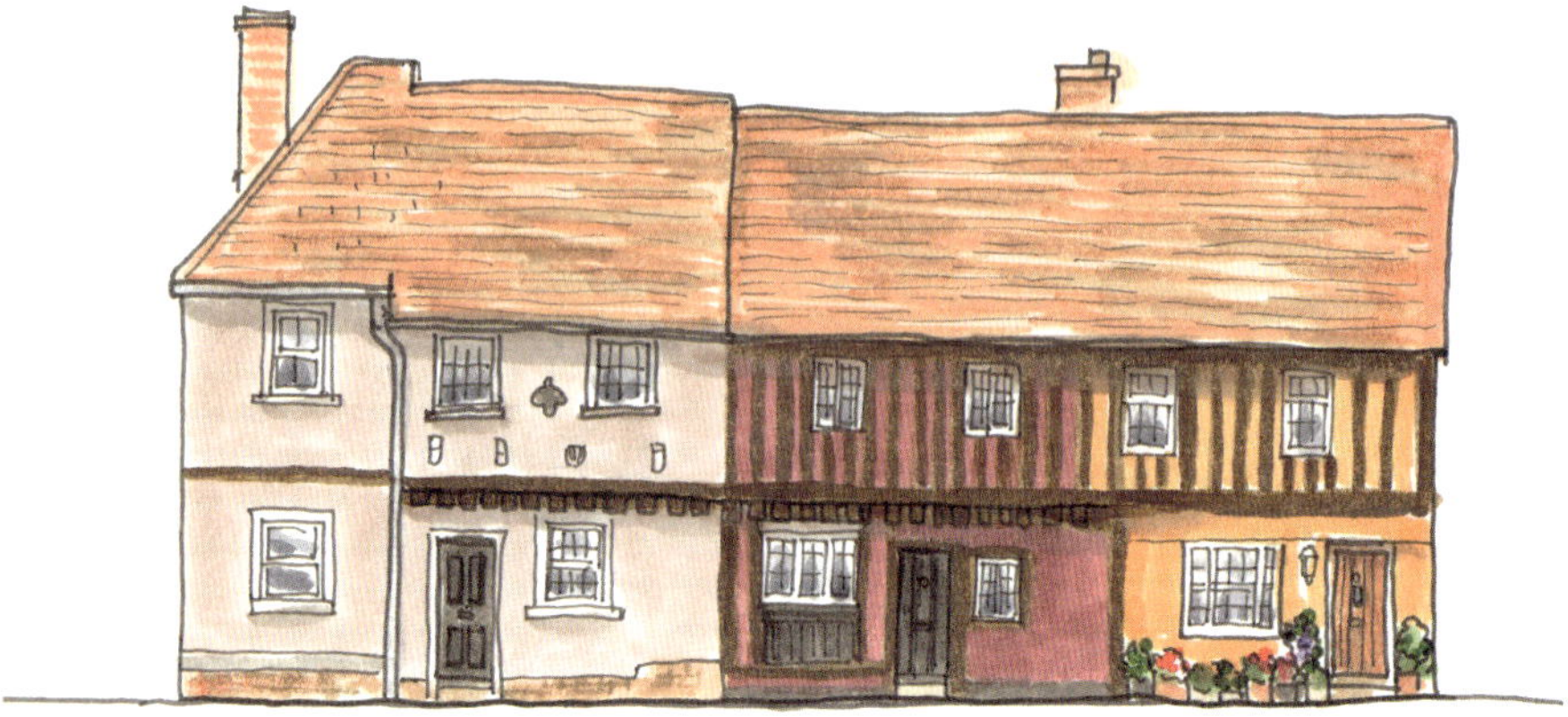

④キャッスル・ストリート（Castle Street）
ほとんどの家が1500年頃に建てられた。上下窓、横引きタイプの窓がめずらしい。

⑤チャーチ・ストリート（Church Street）
「The old sun inn」1670年築。さまざまなタイプのパーゲッティングが見られる。14世紀に建てられた家や店舗が並ぶ通り。

place; Knaresborough

[ナレスボロ]

ヨークシャーの秘境へ

北イングランドにある市場町。ニッド川沿いの崖の上に建つ城は1100年頃にノルマン人によって建設され、その歴史とともに町も発展した。現在、ナレスボロ城は城跡として一部が残っている。1648年に城の大部分が取り壊され、その石の多くは町の建物に使われている。イギリスで最も長く営業している市場や、最も古い薬局、最も古い有料観光地である洞窟などがあり小さい町ながらとても奥が深い。その洞窟はイギリスで有名な予言者であったマザー・シプトンの生地として有名。

Access; ナレスボロまで

ロンドン（London）、キングス・クロス（King's Cross）駅からヨーク（York）駅まで約2時間。ヨーク（York）駅からナレスボロ（Knaresborough）駅まで約30分。

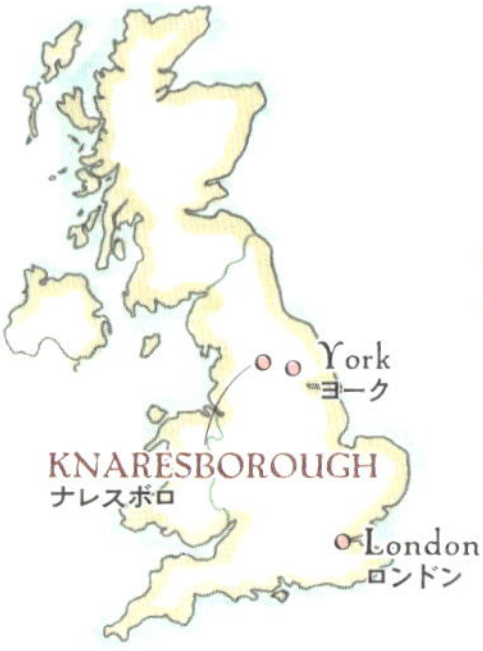

ナレスボロ駅

隣接する高架橋の完成と同時期、1851年の駅。駅舎の中にアンティークの店が入っていて雰囲気がある。電車に乗っていると橋を渡っている感覚はないので、ヨークからナレスボロに着く前は窓の外に注目したい。ナレスボロの美しい街並みが見られる。

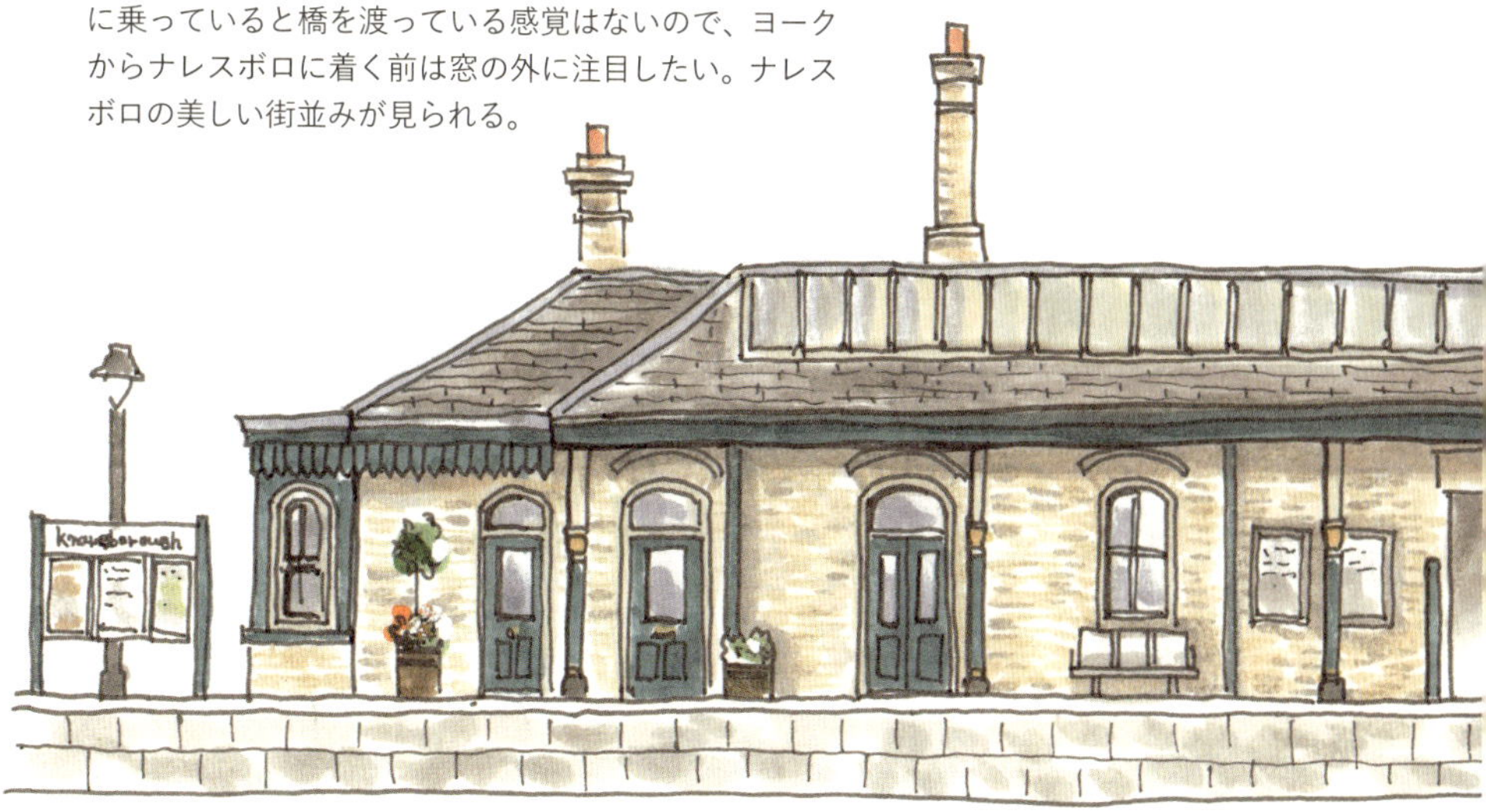

北イングランドの都市、ヨーク滞在中に見つけたパンフレットのナレスボロの写真に釘付けになりました。ヨークだけでも見所が多くて周辺の町になかなか行けないでいたのですが、ナレスボロはヨークから30分程の町。電車も30分おきに出ていて、駅周辺に見所が集まっているため半日でも見て回れると思い、出かけることにしました。

ヨークシャーの石を使ったベージュ色の石の家を中心に、さまざまな年代の家が川沿いの傾斜で重なり合うように建っている様がたまりません。そんな家並みを囲う自然の溶け込み具合も完璧！ 駅周辺と川沿いを歩くだけでも、十分にその地域の雰囲気を味わうことができてしまうコストパフォーマンスのよさも、旅人としては魅力的です。

時間があれば川沿いをもっと上って散策したり観光地である洞窟にも行ってみたかったのですが、この町の特徴的な家並みを見るには、駅周辺の川沿いを散策するだけでも満足度が高い。またゆっくり散策に来たい町の一つとなりました。

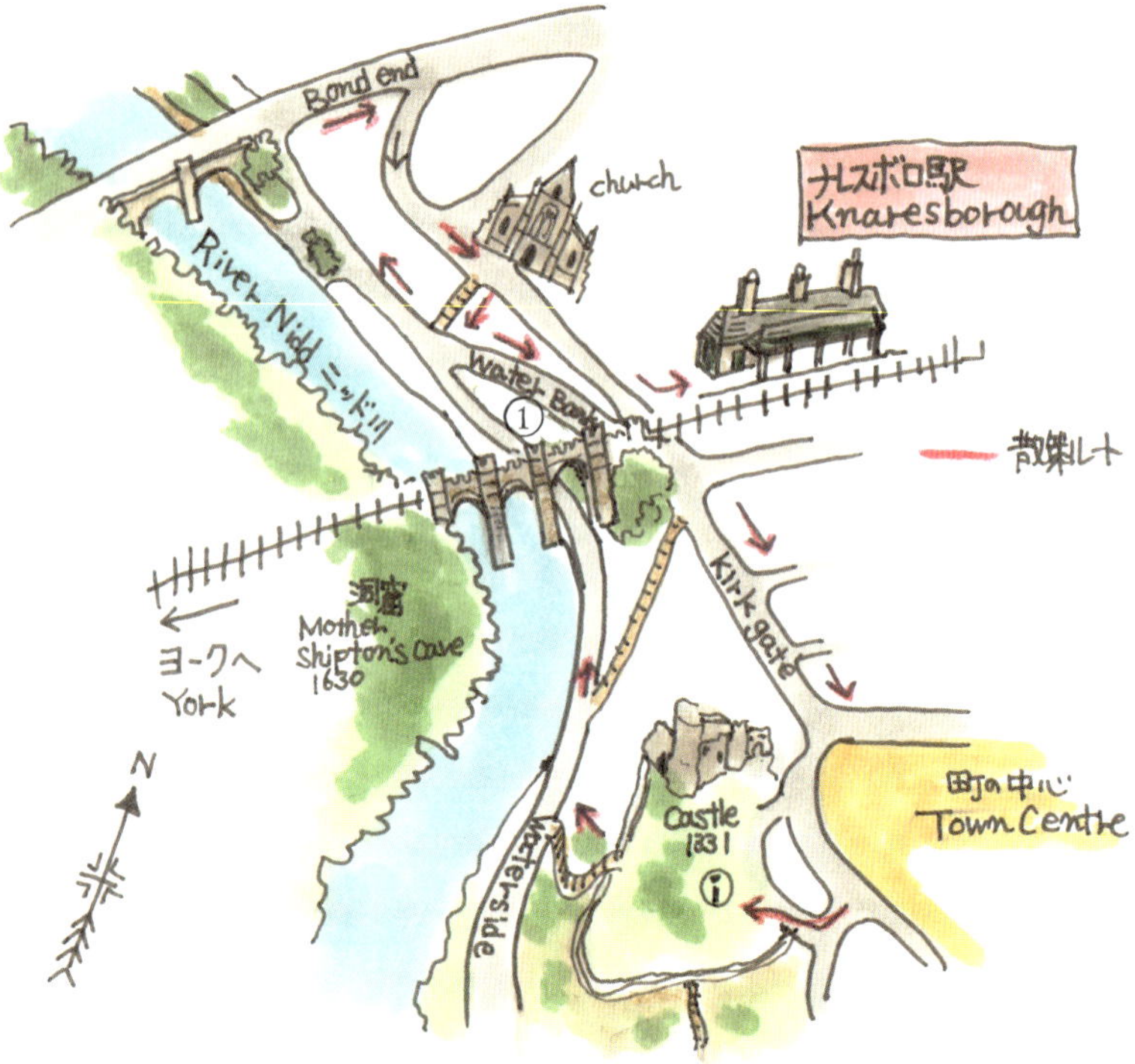
Bond end
church
ナレスボロ駅
Knaresborough
River Nidd
ニッド川
Water Bag
①
散策ルート
洞窟
Mother Shipton's Cave
1630
ヨークへ
York
N
Kirk gate
Castle
1331
田町の中心
Town Centre
Waterside

家並み探索最短ルート（地図の矢印）
駅から坂道を上がると、町の中心であるタウンセンターに行ける。そこから緑で整備された城の敷地に入ると、川沿いの美しい景色を見渡せる。城から川に向かってくだる急な階段を下りると川沿いの道に出る。鉄道高架橋をくぐって川沿いに歩き、教会経由で駅まで戻ってくると、ナレスボロの町の雰囲気がわかる。

① ウォーター・バッグ・バンク（Water Bag Bank）
駅と川沿いの道をつなぐ傾斜の強い道。他の地域では見かけたことのない、白と黒の市松ペイント壁の家、茅葺き屋根の家などさまざまなタイプの家が並び、その家の間から鉄道高架橋も見える。

ソルテア駅

1858年、鉄道駅ができた当時は駅舎もあったが、1970年に取り壊された。1984年に駅として復活するも、駅舎のない簡素なものになったが、この駅から工場や街並みが見える。世界遺産の範囲に入っている。

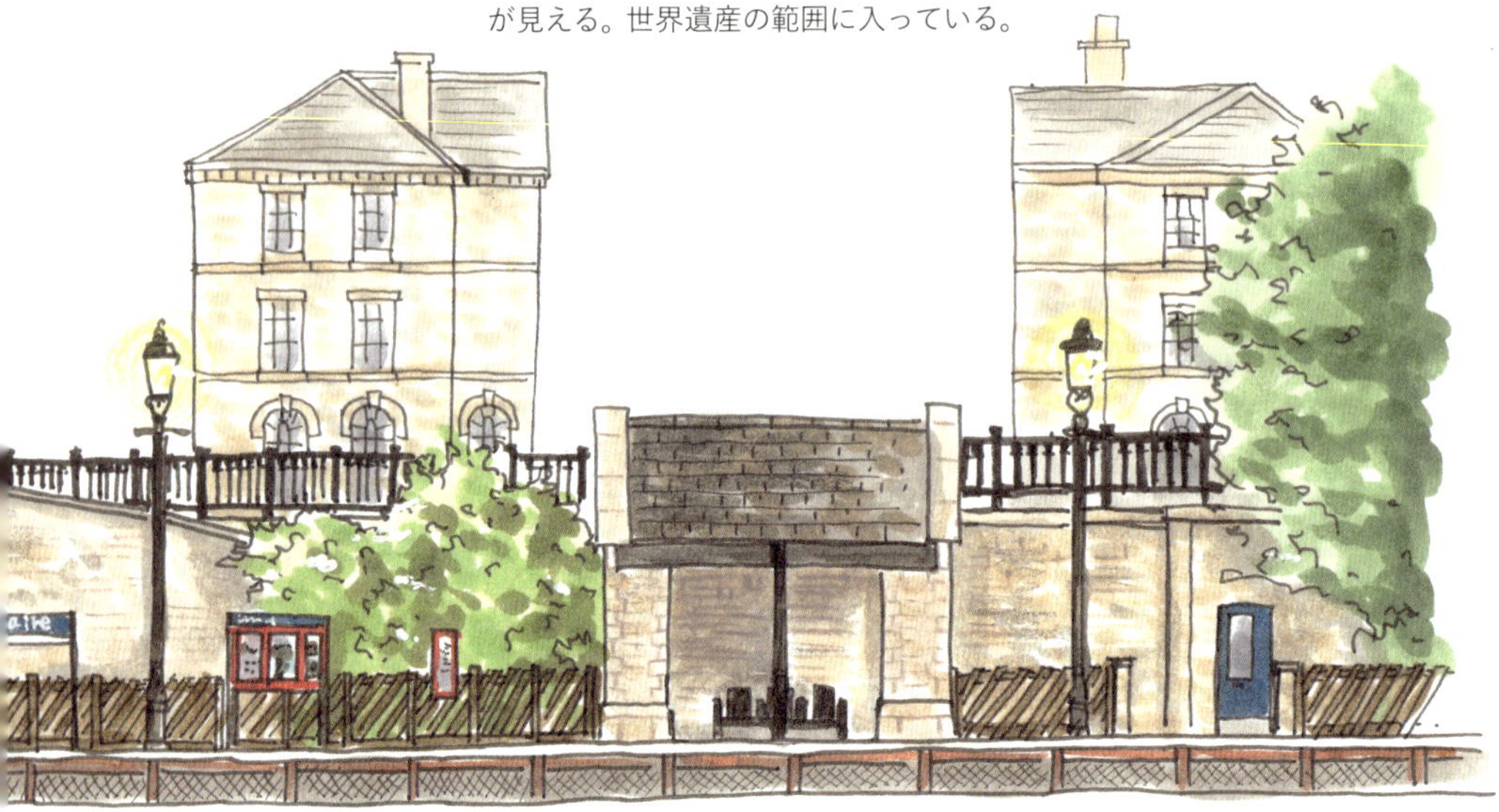

place; Saltaire

[ソルテア]

労働者のために1853年に造られたモデルビレッジ。産業革命時に織物産業で成功したタイタス・ソルト(1803年-1876年)は、1200台もの織機が入り、3000人の労働者が働く当時世界最大の工場を建てた。隣に従業員のために800軒以上の住宅を建て、教会や学校、病院などの施設も併設された。ソルテアは創業者のタイタス・ソルトと村を流れるエア川にちなんで名づけられた、工場とともにできた町。繊維産業が衰退した1986年に工場は閉鎖されるが、起業家ジョナサン・シルバーによりギャラリーとして生まれ変わる。現在はインテリアショップやカフェなども入り、魅力的な地となっている。2001年、ソルテアは世界で最も古く、大きく、保存状態もよいモデルビレッジとして世界遺産に登録された。運河と鉄道が通る立地が便利で、運河沿いの歩道や緑豊かな公園は地元民の憩いの場となっている。

産業革命時の愛の遺産

Access;
ソルテアまで

ロンドン（London）、キングス・クロス（King's Cross）駅からリーズ（Leeds）駅まで約2時間15分。リーズ（Leeds）駅からソルテア（Saltaire）駅まで約15分。

ソルテアには、2013年に隣駅のシップリーに住む友人の家に泊めてもらったとき、車で連れてきてもらいました。石造りのテラスドハウスが格子状に立ち並ぶ様に圧倒されたものです。労働者階級のテラスドハウスといえば、装飾性はなく窓と扉が狭い間隔で並んでいるだけの印象ですが、この町は創業者のタイタス・ソルトが地元の建築家にデザインを依頼したこともあり、イタリア建築やヴィクトリアンゴシック建築が取り入れられていて美しいのです。そして工場で働く人のために造られたという町のコンセプトに驚き、感動したものでした。

今でこそ、ソルテアが町の景観や住まう人を思った町づくりである、後のガーデンシティにつながっていくとわかるのですが、その当時は、意図的に統一された街並みが新鮮でした。それから友人の家に滞在中は、何度か訪れる町となっています。今回ははじめてシップリーからひと駅分をカナル（運河）沿いに歩いてソルテアに向かってみました。

石造りの細かな装飾

カナル（運河）沿いには、昔は馬がボートを引いて進んでいたので必ず横に歩道があります。カナル沿いを歩くのはとても気持ちがいい。大きな工場の建物がカナル沿いに見えてくると、ソルテアに着いた合図です。まず、織物工場だった「ソルトミル」がとてもいい。工場からギャラリーやショップにリノベーションしたコンバージョンで、観光客だけでなく地元の人も集いやすい場所となっています。

天気のいい日は公園でピクニックをする人、カナル沿いを走ったり散歩したりする人もいます。天気が悪くてもソルトミル内の広々とした空間でお茶をしたり本を読んだり、ゆっくりできるのが雨の多い英国にとってありがたい憩いの場です。この近郊に住んでいたら休みの日に間違いなく行く場所となるでしょう。

家並みは同じようなテラスドハウスが並んでいるので、ひと通りぐるりと回ったら十分その雰囲気は味わえます。メインの歴史的建造物はヴィクトリア・ロードにあるので、そちらを見てから町を巡るといいです。暗い色の石のため、緑の植えられる前庭を持つ家は映えます。

家の裏にバックヤードはあっても前庭のある家は少なく、その点は労働者階級のテラスドハウスだと思わされるところです。

地図を見ながら歩いていると、時折迷子と間違われるのですが、今回はソルテアに住むお兄さんに「大丈夫?」と声をかけられたので、ついでに聞いてみました。「どこの通りがおすすめ?」「アルム

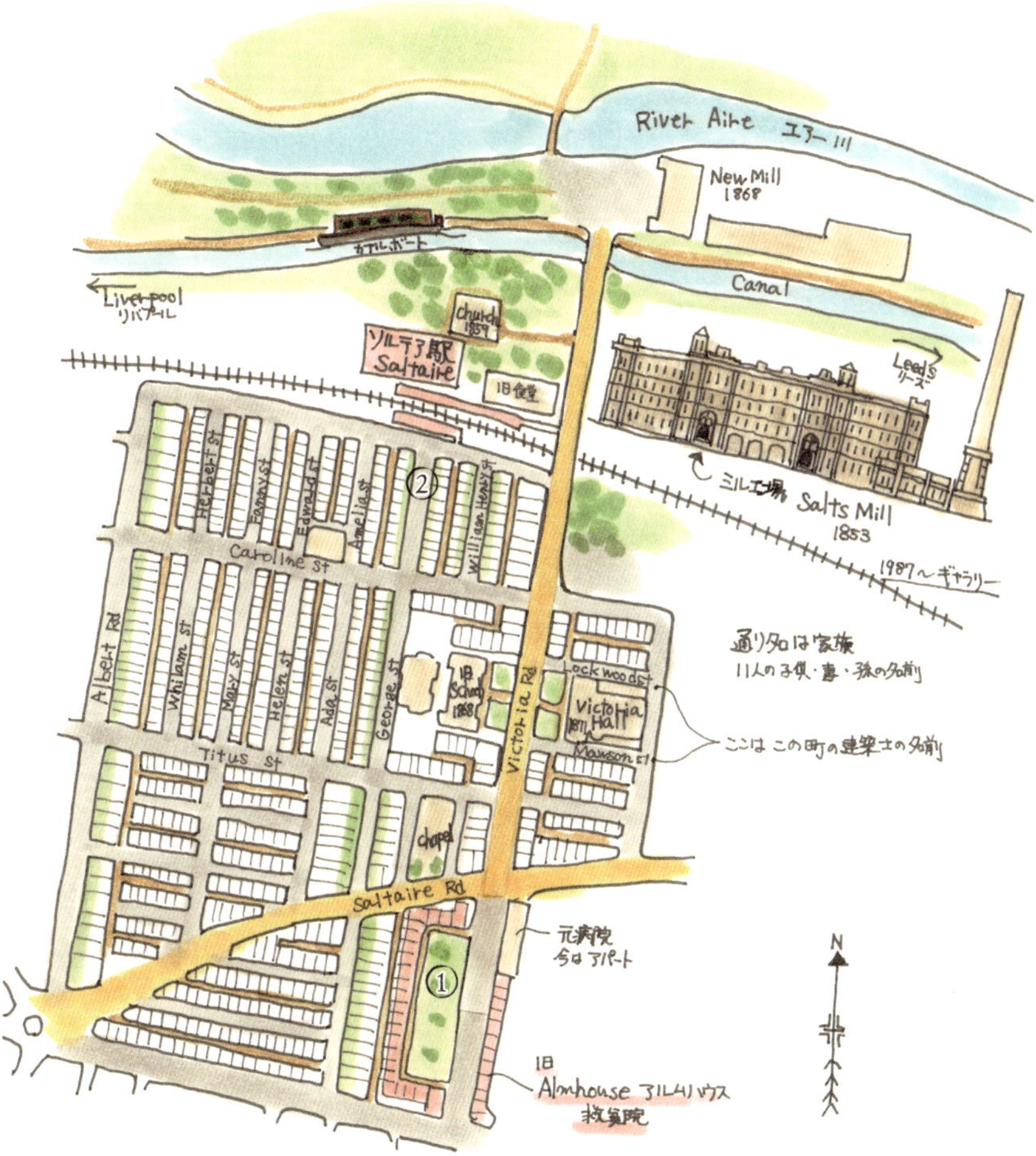

ハウス（救貧院）が美しいから見たほうがいいよ」とのことでした。救貧院とは、かつて病気や高齢のため家賃を免除される人が審査のうえ入れる家でした。そのアルムハウスが、この町のどの家よりも美しいのだから驚きます。美しいだけでなく、家前には緑のある広場があり、病院も目の前にあり教会も近いという便利さです。ほかの家と同じ石造りですが装飾が細かくとても贅沢な造り。

　労働者階級や貧困層にはとても厳しい産業革命の時代に、従業員に対しての住環境が整えられていたことの素晴らしさに感動します。

②ジョージ・ストリート（George Street）

①ヴィクトリア・ロード（Victoria Road）
救貧院、アルムハウス（Almhouses）は、1868年築。
ヴィクトリアンゴシックの建物は、現在45軒の高齢者
住宅となっている。

監督者用の家。3ベッドルーム、
リビングと洗い場がある。
⬇

労働者の家。2ベッドルーム、
リビングと洗い場がある。
⬇

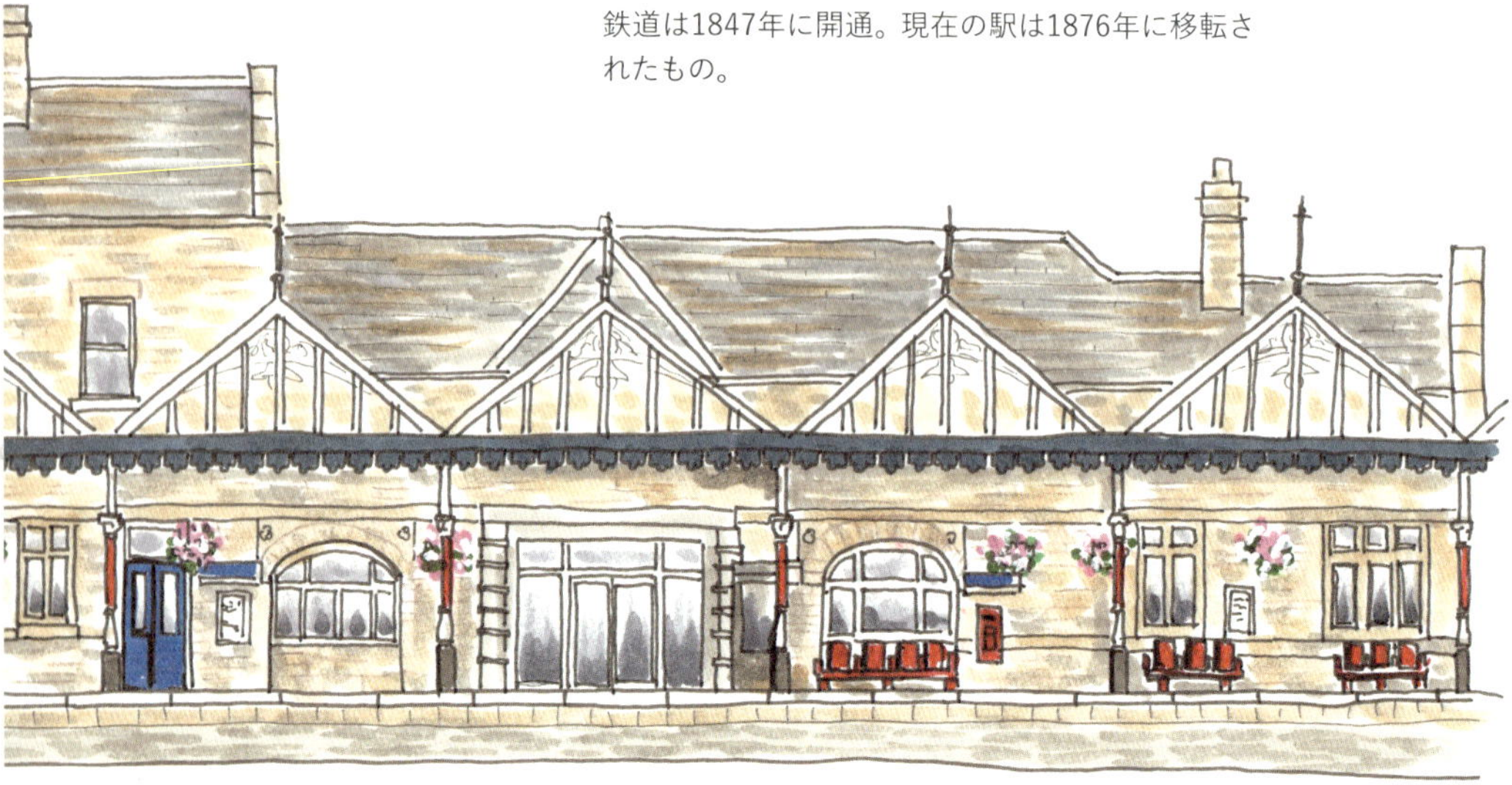

スキプトン駅

鉄道は1847年に開通。現在の駅は1876年に移転されたもの。

ナローボートを見るのにベストな町

place; Skipton

［スキプトン］

アングロサクソン語で「羊の町」を意味するスキプトンは、その名のとおり11世紀頃は羊毛貿易で繁栄した。その頃より毎週開かれる市場町となり、今も同じくハイストリートで週に4回市場が開かれ賑わうマーケットタウン。産業革命の時代1700年代から1800年代になると、運河、鉄道と交通網が発達し綿を中心とする繊維工場によって多くの人が集まり人口が増える。また運河の存在はこの地域で採れる石灰岩の輸送にも使われていた。燃料である石炭や綿花の輸送が主流となり運河のそばに繊維工場が建てられた。現在は貨物運搬の役目を終えた運河だが、ナローボートで旅する人たちの中心地の一つとなっている。北に広がる国立公園、ヨークシャーデイルズの玄関口でもあり、現在は観光地としても活気がある。また英国で最も住みたい町の一つとして何度も選ばれており2024年も選ばれている。

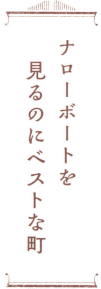

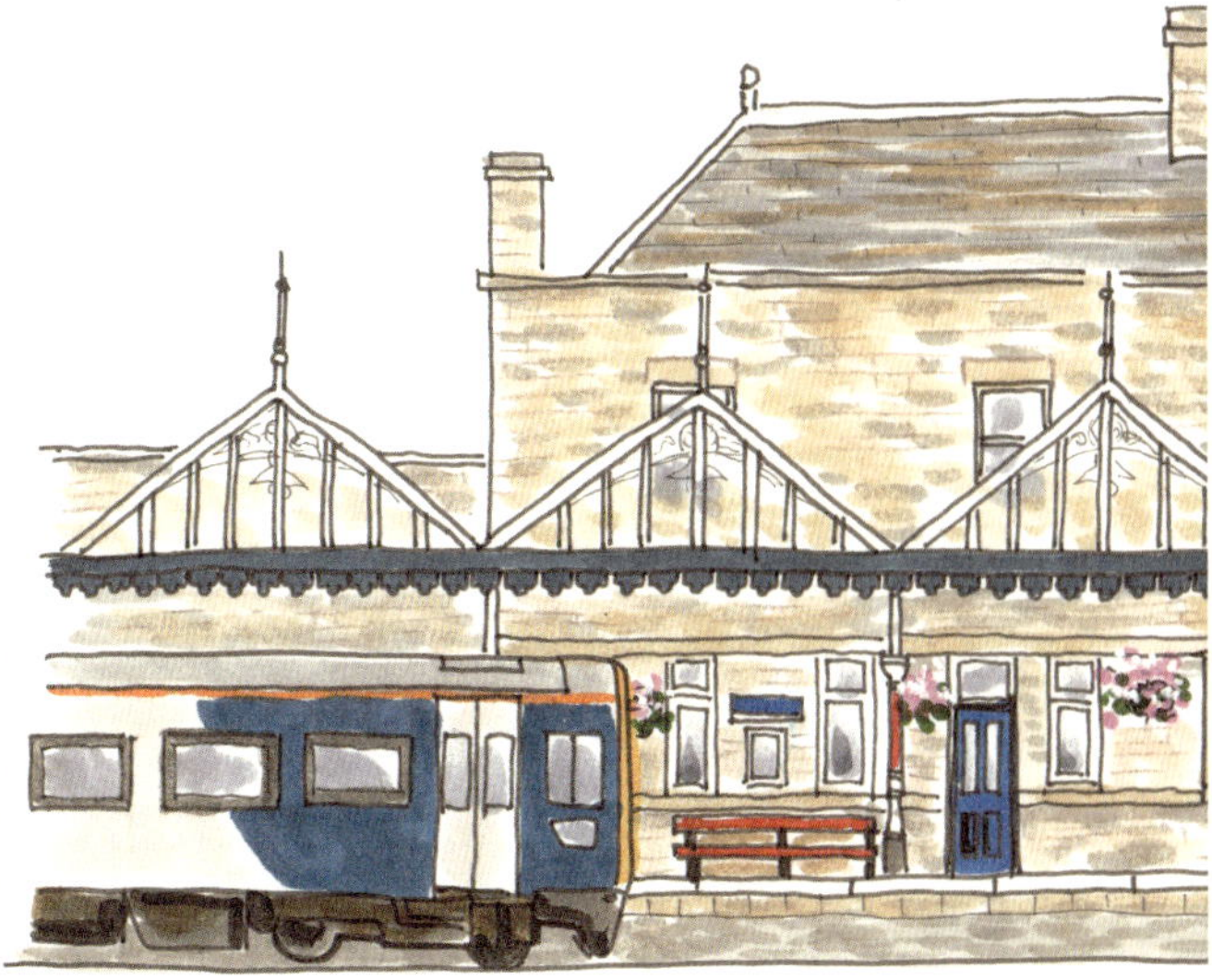

Access;
スキプトンまで

ロンドン（London）、キングス・クロス（King's Cross）駅からリーズ（Leeds）駅まで約2時間15分。リーズ（Leeds）駅からスキプトン（Skipton）駅まで約35分。

運河で見られるナローボート（カナルボート）を住まいにしている人たちが居ると知り、ボート体験を一つの目的としていた2018年にはじめて滞在した町。ナローボートとは、産業革命時代、鉄道ができる前に運河が物流の手段とされていたときに使われた細長いボートのことです。推進力が馬の牽引のため、運搬にとても時間がかかったことから、一家でボート生活をする運搬業の人たちが大勢いました。

その歴史から、現在もボートを住居としている人たちがいます。運搬を職業とするわけではなく、その文化を愛する人や旅好きの人が選択する英国の住居形態の一つです。

そのナローボートが一度に集結するお祭り「ウォーターウェイフェスティバル」がスキプトンで開かれていました。5月の祝日、メーデー（労働者の日）に合わせて3日間にわたり全国からナローボートが集まり、自慢の一艘《そう》を見せあうという画期的なお祭りです。

ナローボートは、外観を自分の好みの色や絵でペイントする当時の伝統が今でも施されます。ただでさえ

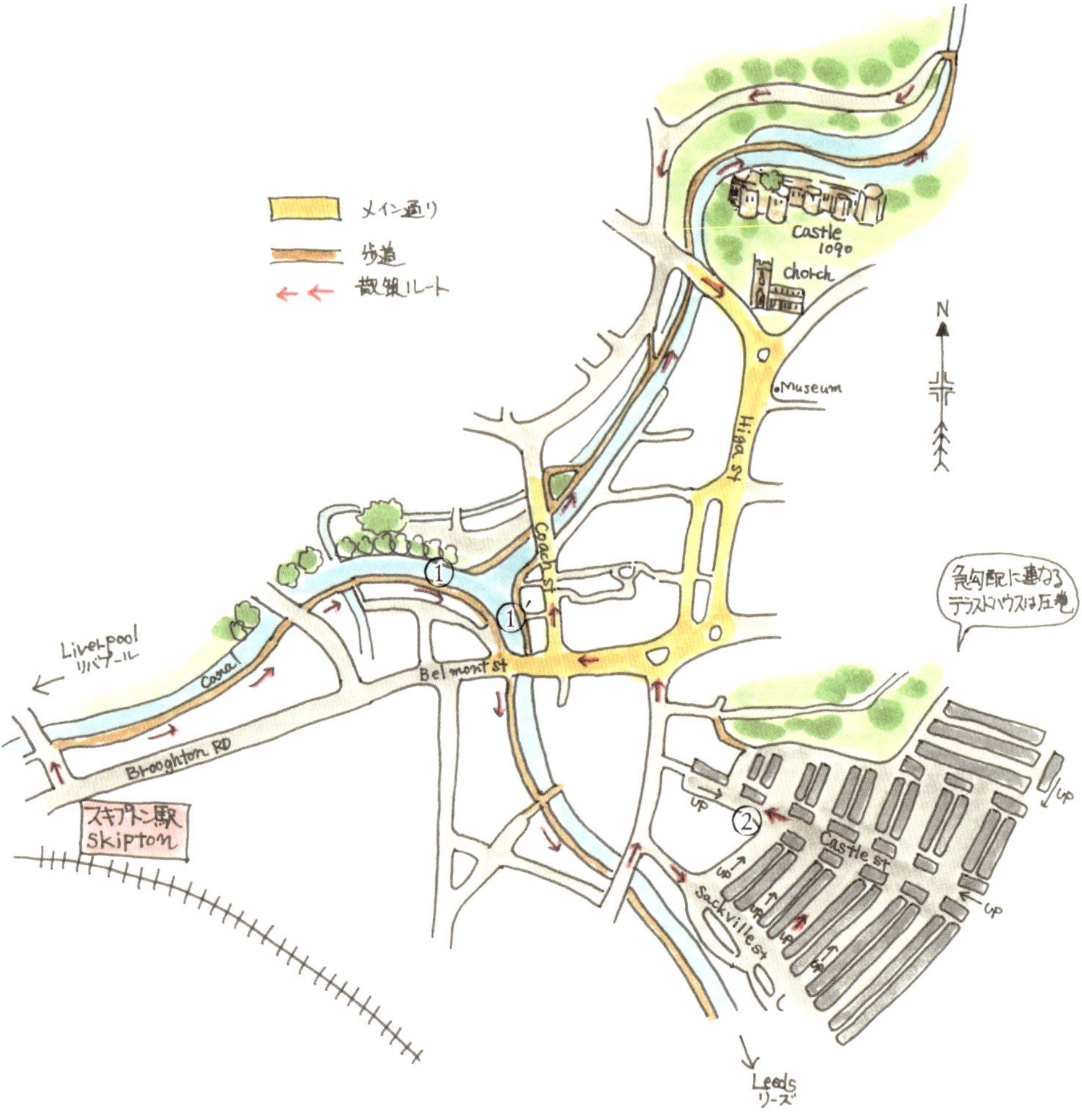

華やかなのですが、この日はさらに花や旗などでデコレーションされ、所狭しと多くのボートが運河に並んでいるのですから、それはもう圧巻！　運河横の歩道から間近で見られ、中を見せてくれたり、紅茶を淹れてくれるようなボートもあります。

　普段は運河を漂っているボートを横目で見るだけですが、このお祭りでは見たい放題でとても楽しい。

　そして、よくよく見渡せば、背景にヨークシャーデイルにつながる緑豊かな自然、ヨークシャーストーンの品のいい本来の石の色のベージュに、産業革命の工場の煙によって煤《すす》けたこの地域ならではの石積みの家や建物がその地になじんで並んでいます。建物は前項で紹介したソルテアと同じ風合いです。スキプトンに流れる運河もソルテアにつながっており、電車では20分ほどの距離。コロナ以降、このフェスティバルがなくなったのがとても残念です。復活を切に願っています。

ボートと町のコントラスト

2度目に訪れたのは、フェスティバルではない夏の町。レジャーシーズンの夏は、ヨークシャーデイルに向かう人たちやボートの旅の人も含めて町は活気に満ちています。

駅から出てすぐに運河沿いを歩き、スキプトン城の背面の通りをぐるりと一周してくるだけでも多くのナローボートと昔の繊維工場や住まいを見ることができ、どこも絵になります。ウォーキングコースとしても最高です。

城の南側、中世は丘だった場所に、産業革命時代に建てられたかつての労働者階級用のテラスドハウスがびっしりと並んでいます。急勾配の丘に並んでいるのがポイントで、丘の上から見下ろすとテラスドハウスが連なり、屋根とそこから突き出る煙突が丘を形どるかのようなうねりをなして見えます。背面に広がる緑豊かなヨークシャーデイルとのコントラストも、またたまりません。労働者階級の小さなテラス一つひとつは単純な形で、庭もなくかつては劣悪といわれた住居地帯ではあるのですが、今はその歴史を乗り越え、素敵な街並みの一部となっています。市場町としての顔も今に続き、ショッピングも楽しめます。何度でも来たいと思える町の一つです。

①リーズ・アンド・リバプール運河（Leeds and Liverpool Canal）
運河沿いの歩道にはかつての繊維工場が見られ、今はマンションが並ぶ。運河沿いにはたくさんのナローボートが停泊している。

①′

右下に続く↘

②キャッスル・ストリート（Castle Street）
テラスハウスの丘には、小さなテラスドハウスが急勾配にびっしり。

水辺の風景とエメラルド色の家並み

place; Lake District

［レイク・ディストリクト（湖水地方）］

夏の避暑地として、美しい景色を眺めながらのウォーキングやハイキングを楽しみに国内外から観光客がやって来る国内最大の国立公園であり世界遺産。イングランドで最も高い山があるといっても、978mで、1000mにも満たない。鮮やかな緑の丘陵地帯の中に大きな湖が15個、小さな湖が500個点在する。

牧羊はローマ時代から続いている産業。山は粘板岩のスレートが採れ、この地に建つ建物はここで採掘された石が使われている。5000年前には石斧の産地だったというほど硬い石だ。詩人ウィリアム・ワーズワース（1770年-1850年)の『湖水地方ガイド』が1810年に発売されるとその魅力が広まり、1847年にウィンダミア鉄道が開通すると多くの人々が訪れ観光地として発展した。避暑地として、屋敷も多い。ビアトリクス・ポター(1866年-1943年)による『ピーターラビットのお話』のモチーフとなった地であり、多くの芸術家にも愛された。

Access; レイク・ディストリクトまで

ロンドン（London）、ユーストン（Euston）駅からオクセンホルム（Oxenholm Lake District）駅で乗り換え、ウィンダミア（Windermere）駅まで約3時間30分。

グラスミア周辺

美しい景色の中に、その地で採れたエメラルド色の
石でできた家が映える。

湖水地方はコッツウォルズに並ぶ観光地として有名なカントリーサイドで、私も何度も訪問しています。湖水地方で見られる景色は英国の数ある美しい景色の中でも、ほかでは見られない幻想的な雰囲気があります。湖水地方の拠点となるのは電車の到着するウィンダミア、中心地のアンブルサイド、北のケズイックで、その他にも小さな町が点在します。ウィンダミア駅前から湖水地方の各町へ頻繁にバスが出ているので、町と町の間の移動はさほど難しくありません。

私を惹きつけるのは、石造りのエメラルド色の家。この地域はカンブリアと呼ばれるため、「カンブリアストーン」というエメラルド色のようなブルーグレーの石が使われています。年月が経つと濃くなり黒っぽくなるので、全体的に見渡すとグレーの町に見えるかもしれませんが、光がさすとエメラルド色に見えます。石造りの家は年月が経つほどに苔が生えたりして風合いが出てくるので古い家に惹かれてしまうのですが、この石だけは例外的に新しい状態も好ましい。

湖水地方の建物は、外壁や窓まわりは石積みに、屋根は例外なくこのスレートが使われています。町によって微妙に家並みの印象が違います。これという決定的な違いはないのですが、

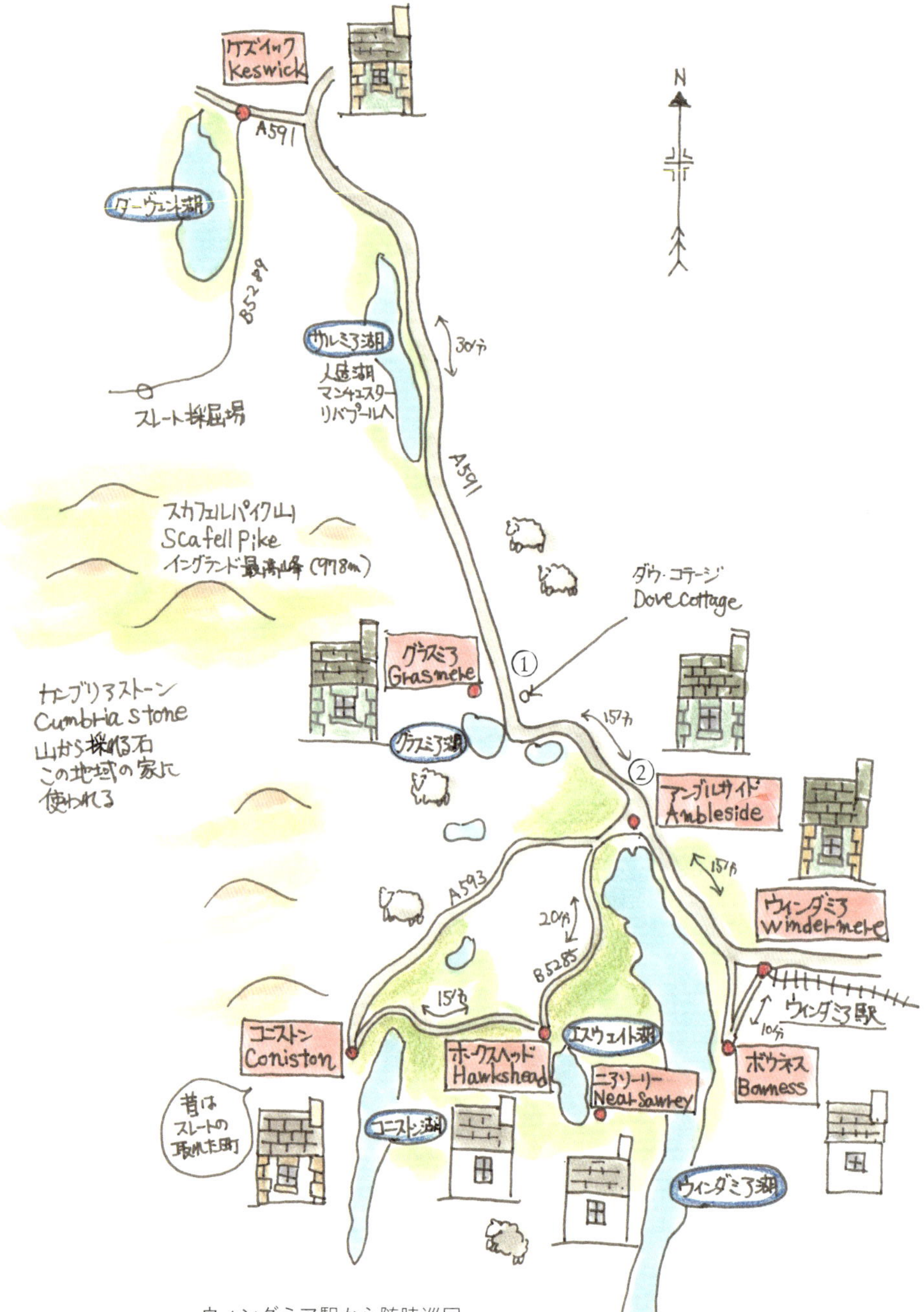

ウィンダミア駅から随時巡回
しているバスで各町へ向かう。

石の色は濃淡があり採れる場所によっても若干色が違うのです。グレー寄りの色やベージュ色のものもあります。ベージュ色を窓まわりやコーナーに使っている家も多く見かけます。

白く塗られた家もよく見かけます。聞くところによると、雨が多く曇りがちな湖水地方はグレーの空に覆われていることが多く、町全体が暗い印象になるので、少しでも明るくするため白く塗るのだそう。実際、白い色のほうがパブは儲かるのだとか。たしかに雨が多いとき、白い色は際立っていて明るく輝いて見えました。それでも私は、エメラルド色推し。

数百年前の家と新しい家が連なる町

アンブルサイドとグラスミアは、全体の印象がエメラルド色が強くてお気に入り。最初に見たときは『オズの魔法使い』のエメラルドのお城は、この石でできていたに違いない」と思ったものです。アンブルサイドは店が多い町で、細い道に連なる建物に囲まれると、その石の存在感を堪能できます。道路のアスファルトや縁石にいたっても同じ石が使われているので、一体感があります。グラスミアには、詩人のワーズワースが9年間住んでいた「ダヴ・コテージ」があり、その周辺の家並みも素敵です。ミュージアムが2021年に新設されたと聞き、家並みがどうなったか気になっていましたが、エメラルド色のカンブリアストーンで造られた建物は新築でも何ひとつ期待を裏切りませんでした。何百年も前の建物が連なる家並みは、新旧揃っても美しい景色となっているのが素晴らしい。スレート石で丸く積み上げた煙突やこの地域特有の煙突も見逃せません。湖水地方の景色が美しいのはもちろんですが、そこにある建物を入れるとより魅力的になるのがいいのです。

①ダウ・コテージ周辺。グラスミア中心地から徒歩約15分。メイン通りA591から一本入った道にあり、バスも停まる。小さな家の集まりだが、その連なり具合と石の風合いが理想的で、この石の魅力が一番感じられる場所。

Grasmere
[グラスミア]

Ambleside
[アンブルサイド]

②アンブルサイドではヴィクトリアン様式の家が多く見られ、理想的なエメラルド使いをしている。

アンブルサイドのバス停とパーキングから見える家の裏は、いつ行っても撮影してしまう。エメラルド色の具合に惹かれるのだろう。

Column

英国の美しい街並みができるまで

英国の街並みには、歴史が宿っています。一度建てられた家は基本的に取り壊されず在り続けるため、その町の発展した時期などは街並みを見たらわかるというのが面白いところです。

もともとは農村で領主とその土地で働く人々がいるという関係性のなか、今でも地方に残る屋敷、領主の館（マナーハウス）の近くに、小さな村が存在しています。人々の働き方や街並みが大きく変わるのが、18世紀から19世紀にかけての産業革命です。農民だった労働者の多くが都心に移住し、労働者のための簡素な住まいが多く建てられます。また地方の屋敷に住んでいた貴族も、都心に出て社交の場を設けるために都心にも家を持つようになります（タウンハウス）。多くのテラスドハウス（連結式住宅）が町に現れた時期です。

そして鉄道という移動手段ができると、主に裕福な人たちは汚染された都心部から地方に散らばり家を建てます。ヴィクトリア朝時代の建物が英国各地に見られるのはそのためです。また、起業家が自分の抱える労働者のために町ごとつくるという現象が生まれ、「街並み計画」という概念が生まれます。ポート・サンライト（→P.44）、ソルテア（→P.98）がそれに当たります。

英国の発展と階級の細分化、鉄道の発達により、19世紀から20世紀初頭にかけて多くの街並みが生まれます。その時代の建物はジョージアン様式、ヴィクトリアン様式、エドワーディアン様式と続き、今では人気の高い評価の物件になっています。歴史ある街並みは維持されるように規制がかけられているので、景観が損ねられることはありません。新しい家は、そういった街並みに混ざるのではなく外れに建てられていきます。

英国には数えきれない町がありますが、私が好んで訪問する町は主に歴史のある町。同じ時代の街並みでも地域ごとに地場の建材を使うため、その景観に各地の特徴が出ます。歴史と地域の特徴を併せ持った街並みを各地で見られるのが魅力です。

第2章

ウェールズの町と家

Hay-on-Wye［ヘイ・オン・ワイ］
Conwy［コンウィ］

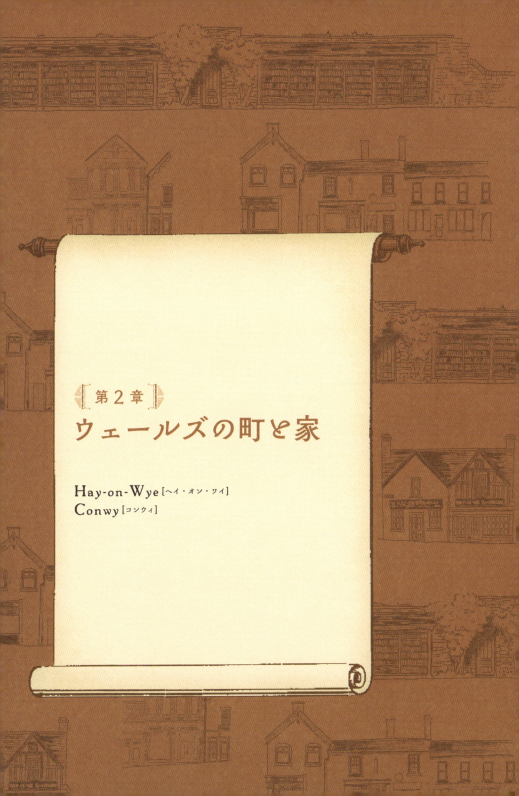

place; **Hay-on-Wye**

[ヘイ・オン・ワイ]

世界初の古書の町

イングランドとウェールズの国境のワイ川沿いに位置する小さな町。中心にあるヘイ城は1200年頃建てられ、1600年頃に邸宅として増築された。中世からの家畜や羊毛の市場としての役割は時代とともに衰退していたが、リチャード・ブース（1938年-2019年）によって世界初の古書の町へと生まれ変わる。英国中から手に入る限りの本を探し、ときには図書館ごと買いとるなどしてヘイに本を集める。1971年、ついにヘイ城を購入し、リチャードは城を拠点に古書の町を充実させていく。最盛期は30軒の書店があった町。春に行われるブックフェスティバルには世界中から何十万人と集まる。ヘイ城は2011年に慈善団体に売却された後修復され、2024年にミュージアムとして開かれている。普段から古書を求めて多くの人が訪れる。

Access;
ヘイ・オン・ワイまで

ロンドン（London）、パディントン（Paddington）駅からニューポート（Newport）を経由してヘレフォード（Hereford）駅まで約3時間。またはヘレフォード（Hereford）駅からT14（39番）のヘイ・オン・ワイ（Hay-on-Wye）行きバスでヘイ・キャッスル（Hay Castle）へ約1時間。ヘイフェスティバル時は、ヘレフォード（Hereford）駅から送迎バスが出ている。

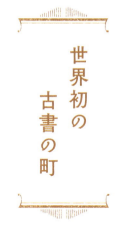

①ヘイ・キャッスル（Hay Castle）の塀の内側の本棚。「Honesty Bookshop」。

設置されているボックスにお金を入れる。すべての本が2ポンド。

ベルモント・ロード（Belmont Road）から入れる。オープン時は扉が開いている。

ウェールズの首都カーディフで一泊し、友人と落ち合います。今回の旅は「もう一度行きたい町」を訪問しているのですが、ヘイ・オン・ワイは初めてです。公共機関ではアクセスがいいとはいえない場所なので、友人に車で連れていってもらうことにしました。

古書店の魅力に気づいたのは最近です。今まで英国で資料として本がほしいときは「ウォーターストーンズ」などの大きな書店に行っていました。日本の「ジュンク堂」のような存在です。私の中で「古本」というと、「中古」「誰かのおさがり」のイメージがあり、頭の中に「書店」の選択肢としてはありませんでした。今となっては、とても恥ずかしい話です。

ヘイ・オン・ワイは英語では「タウン・オブ・ブック」と紹介されています。古いも新しいも区別していません。日本語ではわかりやすくするため「古書の町」と訳されるのでしょう。

古書の魅力は、今は売っていない貴重な本というお宝。そのことにやっと気づいた私は、最近では町に行くと古書店をチェックするようになりました。その町の情報はパンフレットでも得られますが、少しコアな情報などは古書店のほうが豊富なのです。

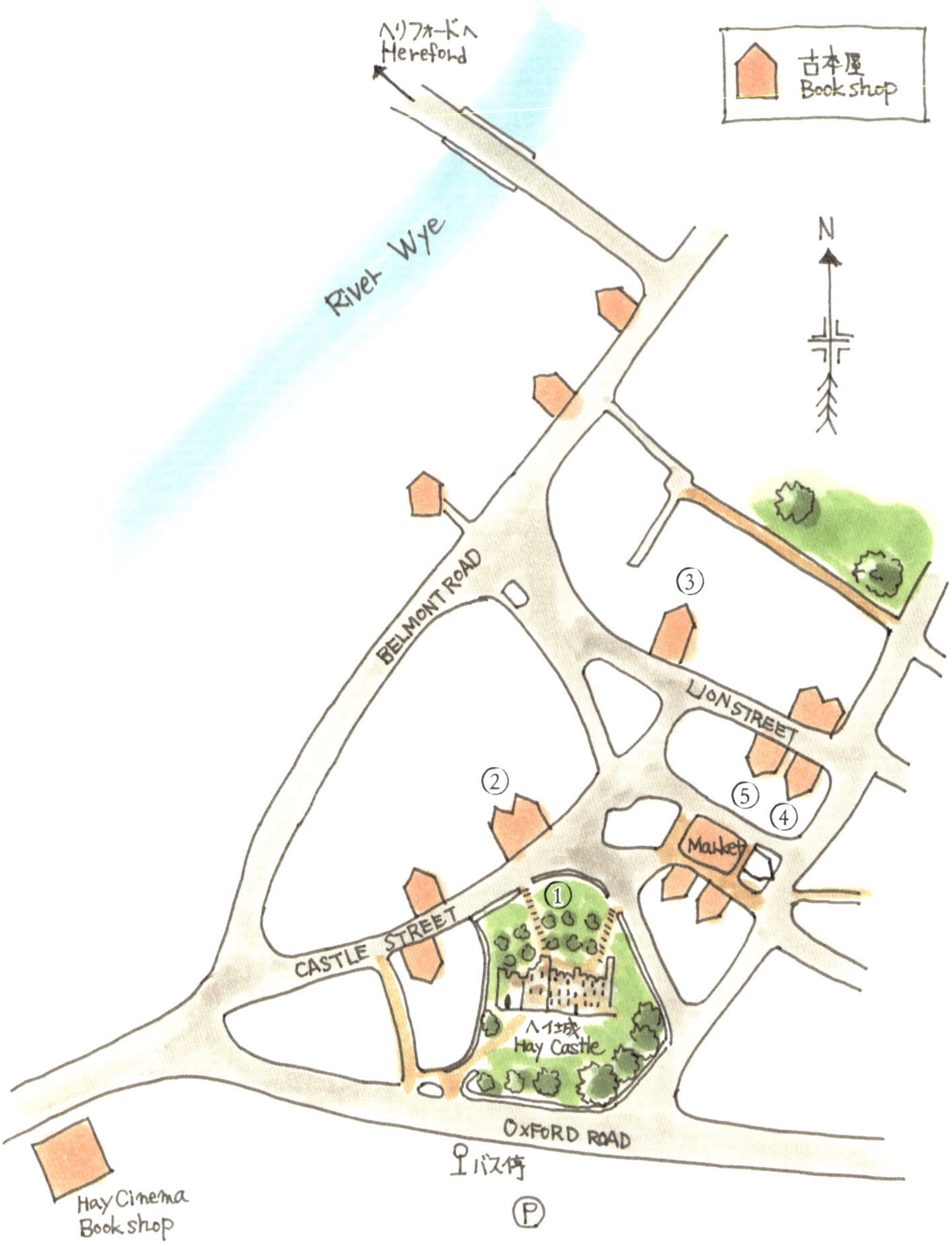

ヘリフォードへ
Hereford
古本屋
Book shop
River Wye
N
BELMONT ROAD
③
LION STREET
②
⑤
④
Market
①
CASTLE STREET
ヘイ城
Hay Castle
OXFORD ROAD
バス停
Ⓟ
Hay Cinema
Book shop

待ち続ける本の場所

「世界初の古書店の町」をつくったリチャード・ブースは「本の価値は永遠であり、99%の人が不要と思える本でも必ず誰か必要とする人はいる」と明言し、世界中からあらゆる本を集めました。世界のどこかにその本を求める、たった一人かもしれない人のために、本は待ち続けることができる場所を得たのです。情報社会になり書店が少なくなる昨今ですが、むしろコアな本こそ求められるようになっているのではないでしょうか。

町はグレーの石造りの小さな家が並びます。本の町になったからといって新しく大きな建物が建てられたわけではなく、今まであった家やショップなどを利用しています。家の間取りをそのまま使い、壁一面を本棚にして、暖炉内もすべて本で埋め尽くされています。人とすれ違うのもやっとな狭い書店が多く、また無造作に本が床に積まれているのも雰囲気があるように思えてきます。ちなみに表紙の分厚い貴重な本は店の人がいるレジカウンターのまわりのガラス戸つきの書棚に保管されています。本の値段は、表紙の裏に鉛筆で何ポンドか書かれています。びっくりするくらい安く買えるのも嬉しい。

20軒ほどある書店は、専門に特化した店も多く、アガサ・クリスティやシャーロック・ホームズ関連などミステリーを

②「ヘイ・オン・ワイ ブックセラーズ（Hay-On-Wye Booksellers）」。1階に暖炉がある。

⬆入り口

②「ヘイ・オン・ワイ ブックセラーズ（Hay-On-Wye Booksellers）」。ヘイ城の前にある、2軒ぶち抜きのブックショップ。

③「リチャード・ブース　ブックショップ（Richard Booth's Bookshop）」。ライオン・ストリート（Lion Street）前。

豚、牛、羊など動物のセラミックタイルが使われている。

④「マーダー・アンド・メイヘム（Murder and Mayhem）」。ミステリー専門書店。

⑤「ゲイ・オン・ワイ（Gay On Wye）」。ゲイ専門書店。

専門としたお店は、室内もミステリー装飾になっていて楽しませてくれます（④）。

建物とともに見ごたえがあるのは「リチャード・ブース・ブックショップ（③）」。１８８６年に建てられたかつての農業ホールをそのまま使っているそう。木造の美しい木彫りの柱に牛や羊の動物の絵づけがされたタイルがはめ込まれているその外観は、素朴な街並みの中でも目立っています。家を使った小さな書店を見た後に来ると、空間の広さによる開放感で思わず長居してしまいます。ソファもありゆっくりと本を探せます。ここが面白いのは古書だけでなく、新書も置いてあるところなのですが、「こちらが新書！」など、いっさい無駄なサインがない。古いも新しいも本として一緒に並んでいる感じがすごく好き。

全体的な街並みとしては、めずらしくはない町の一つに過ぎないのですが、「本」という一つの目的を持つことで統一感が見えてくる面白い町です。私は読書家ではないし、英語がスラスラ読めるわけでもないので絵や図が多い建築関係や地域の文献を主に探すのですが、それだけでもたくさんあり時間があっという間に過ぎてしまいます。長旅での本の購入はなるべく抑えたいのですが、一期一会の古書に出合ってしまったら買わずにいられません。イラストの素敵な旅本と家の本2冊を買って大満足。

旅の初めに訪れたマインヘッドの駅（→P.30）にも、鉄道専門の古書店があったことを思い出します。歴史ある家、数々のアンティーク品、そして古書、英国人の古いものを愛する文化がうかがえます。

城壁の中の
700年前の町へ

place; Conwy

［コンウィ］

ウェールズ北の海岸にあるコンウィ城と、その城壁で囲まれた小さな町。コンウィ城は、1283年〜1287年にイングランド王であるエドワード1世(在位1272年-1307年)によって建設された。ウェールズを支配下におき、反乱の鎮圧等に築いた城の一つ。町は、当時のイングランドの商人や職人によって形成された。城壁はほぼ現存、城壁内に残る主に16世紀から19世紀の建物が混在し今へと受け継がれている。コンウィ川の河口ではムール貝漁が盛んで、かつては真珠が生産されロンドンの宝石商に提供されていた。今はムール貝は食用として、コンウィ産の名物となっている。

Access;

コンウィまで

ロンドン（London）、ユーストン（Euston）駅からコンウィ（Conwy）駅まで約3時間30分。カーディフ（Cardiff）駅からはコンウィ（Conwy）駅まで約4時間〜4時間30分。

コンウィ駅

鉄道を通すとき、その景観を何より大切に設計されたという城壁アーチは、城と同じ時期に建てられた13世紀後半の既存の城壁となじんで違和感がない。この鉄道路線は一度廃線になった際に駅舎が取り壊されており、プラットホームがあるだけの簡素な駅。それがかえって城壁を際立たせている。

ウェールズは主に北と南に分けられ、鉄道は北と南の海沿いに走り、南北はつながっていません。南北に移動するときは、イングランドを経由します。初めてウェールズで訪れた町がコンウィでした。お城と城壁の保存状態が最もよいといわれ、イギリスで一番小さな家があるというので興味を持った町です。

町へのワクワク感は、電車が駅に到着する直前から始まります。ウェールズ北の海岸線を走る電車は、コンウィ川を渡り城壁内の駅に到着します。城壁の中に駅があるというのが胸アツなのです。

感激していると、大きな失敗をする恐れのある駅でもあります。車内アナウンスが理解できず降りる準備をしていた私に、車掌さんが「急いで前の車両に移動してください」と言い、言われるがまま急いで移動しました。電車を降りてから状況がわかりました。プラットホームが短いので、後ろの車両に乗っていたら降りられないのでした。

家々の窓まわりの装飾

今度の旅では、一番前の車両に乗りました。無人駅のコンウィのプラットホームから出るとすぐに城壁を上る階段があります。英国にはさまざまな城と城壁が残っているのですが、断片的なものが多く、城までぐるりとほぼ一周途切れなく残っているというのは、ヨーロッパでもめずらしいといわれます。約730年前の規模感を、目で見て感じることができるのは貴重です。

コンウィの町を把握するのに、まず城壁散策からスタート。城壁は一部を除き自由に歩けます。城壁内は観光業がメインになっているため、メイン通りはさまざまな様式の建物の中にショップや飲食の店が入り賑わっています。

私は住居として使われている民家に興味があるので、しばしばメイン通りから小道に入ります。そこには漁師の家と思われる小さなテラスハウスが並んでいます。簡素な家の造りですが、窓まわりの縁どりが印象的です。セメントで縁どり、塗装で仕上げた装飾。家も縁どられたその装飾は立体的ではありませんが、家を際立たせています。

町をよくよく見てみると、多くの建物にその手法が使われており、なかには凝ったものもあり注目してみるとおもしろいもの。

この町に、ウェールズで一番古い家が1軒残っています。一番古いといっても、城ができた当時の建物は残っていません。1401年にウェールズの反乱軍に焼き払われた後、再建時に建てられた家とされます。それでも1417年築の商人の家です。

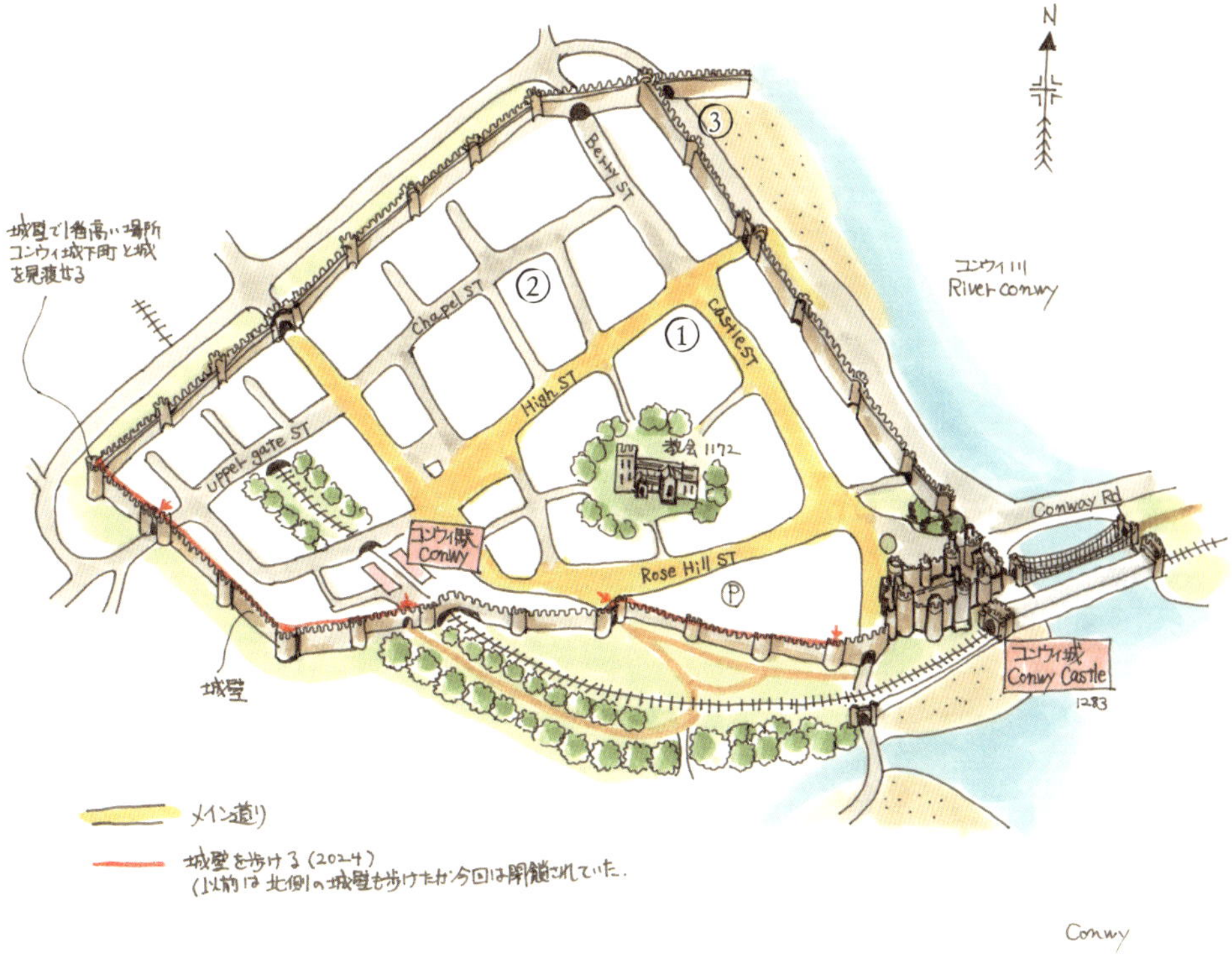

1階は石造りで店舗として、2階は木造で住居として使われ、2階への外部階段があるのが特徴的です。当時は、同様の家が街並みを形成していました。

中世の街並みをこの1軒から想像を広げることができます。コンウィ城からコンウィの町を地形とともに見渡します。圧巻の存在感である城から、各方面の眺めは格別。

奥地に広がる山岳地帯を見ながらウェールズ北のスレート産業を思い起こします。スレート石の美しい家並みを北西部では見られるのですが、それはまたの機会に。

①アバーコンウィ・ハウス（Aberconwy House）
1417年に建てられたとされる、現存するウェールズ最古の住居。
一時は禁酒ホテルになっていた。

少し凝った装飾。
セメントで縁どり、
塗装する。

②窓まわりと家の縁どりが装飾される小さなテラスハウス。チャペル・ストリート（Chapel Street）からアッパーゲート・ストリート（Upper Gate Street）までに見られる家。簡素な造りの家でも縁どりがあるだけで、見え方がずいぶんと変わる。城壁内の町で、住居が並ぶ静かな通り。

⬆ 赤い家がスモーレスト・ハウス

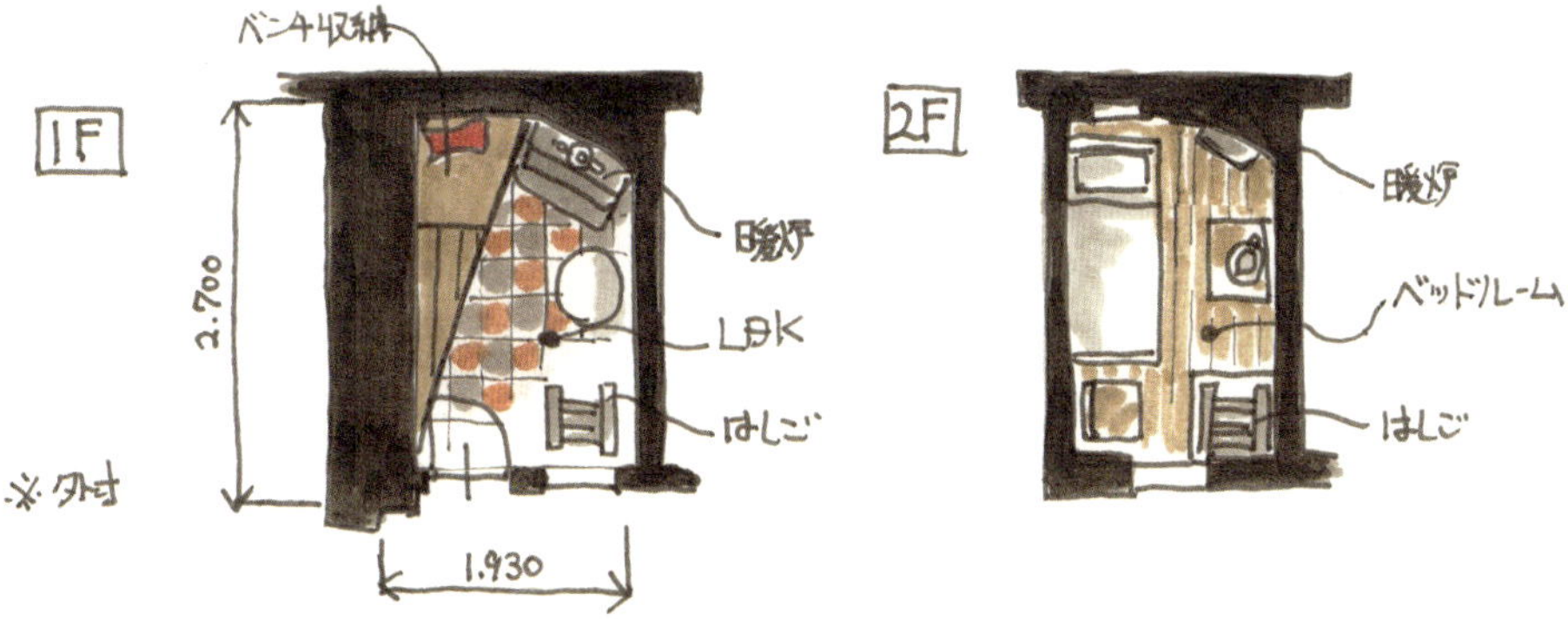

③ スモーレスト・ハウス（Smallest House in Great Britain）
英国で最も小さな家。城壁と川べりの間にあり、漁師が住んでいた。1900年まで住居として使われていたが、今は観光スポットとして中も見学できる。1570年築で歴代の住人は主に独り暮らしだったそうだが、夫婦や子どもと住んでいた人もいたとか。

Column

駅と旅

英国の駅は旅を高揚させてくれる存在です。それは『ハリー・ポッター』の世界で、ハリーが駅のプラットホームから旅立つシーンでワクワクしたのと同じ感覚を味わえるといってもいいでしょう。

英国の駅は、基本的に建てられた当時の姿をそのまま残しています。1825年に、世界ではじめて人を乗せた蒸気機関車が英国で生まれました。1830年にはリバプールとマンチャスター間の鉄道が開通し、現在の駅のシステムの礎《いしずえ》ができます。それから瞬く間に英国中に鉄道網が広がります。駅舎が建てられた時代の英国は、産業革命真っ只中の大英帝国時代です。それは駅舎にも表れており、アイアンの細かいディテールのあしらいやヴィクトリア朝時代のゴシックリバイバル建築のものが多く、豪華で美しいのです。

同時に、廃線になった駅や鉄道の軌跡もよく見かけます。駅の通っていない町に行くのは今でも多少不便で、電車からバスに乗り継いでいく必要があります。そうしてたどり着いた町の歴史を見ていると、けっこうな確率でかつては駅が通っていたということが判明します。1963年に鉄道における大きな見直しが入り、1970年までに多くの駅が閉鎖されました。その数、約7000駅のうち4000駅以上が廃駅になるという衝撃的な見直しです。

今回、私の訪問した20の町のうち、駅がない町は6町。そのうち4町は鉄道の見直しの際に廃線になっています。一度は廃線になっても、必要とみなされ復活する駅もあり、ソルテア駅（→P.98）とコンウィ駅（→P.124）がそれに当たります。また、実用的な鉄道としてではなく、一部区間で昔ながらの蒸気機関車を復活させてレジャー用として走らせ、駅舎を復活させているエリアも英国中に多数あります。マインヘッド（→P.30）やシェリンガム（→P.82）がそうです。鉄道ができる前の運輸手段であった、運河を使ったナローボートも今はレジャー用として復活していることも含め、文化遺産を愛する国民性を感じます。

第3章
スコットランドの町と家

St Andrews［セント・アンドルーズ］
Culross［カルロス］

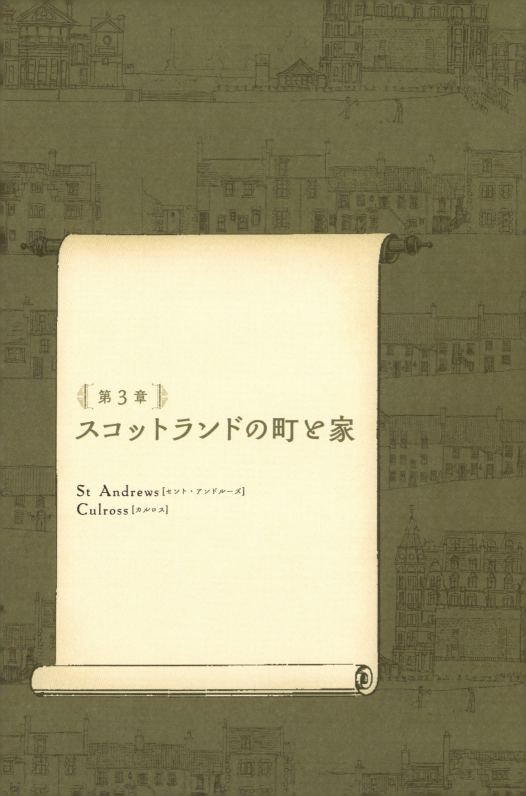

①オールドコース 1 番ホールと 18 番ホールを横切る道から。

左：R & A ゴルフクラブ。1754 年に設立されたゴルフの総本山。1854 年築のクラブハウスは会員専用。

右：1895 年築の元グランドホテル。戦後は一時大学の学生寮として使われたこともあるが、今は高級マンション。

18 番ホールを観戦できる道。

全英オープン中！ゴルフ発祥の聖地

place; St Andrews

［セント・アンドルーズ］

スコットランドの東海岸にあるゴルフの町、大学の町として有名。その由来は、キリストの使徒 12 人の一人であるスコットランドの守護聖人「聖アンドリュー」の骨の一部が、中世初期にこの地へ運ばれたことにある。そのため中世ヨーロッパの重要な巡礼都市の一つとして栄えた。12 世紀から 19 世紀頃までは港町として漁師が多く住んでおり、16 世紀から 18 世紀の建物が多く残る。1413 年からの歴史を持つセント・アンドルーズ大学はオックスフォード大学、ケンブリッジ大学に次ぐ歴史ある大学。町の人口のおよそ半数が大学スタッフと生徒である。ウィリアム皇太子とケイト皇太子妃が出会った場所でもある。ゴルフの発祥の地として世界中からゴルフ愛好者が訪れる。1350 年頃にこの地で発展し、1857 年に初のトーナメントがオールドコースで行われた。それ以来 5 年に一度、全英オープンがオールドコースで開催されている。

Access; セント・アンドルーズまで

ロンドン（London）、キングス・クロス（King's Cross）駅からエディンバラ（Edinburgh）駅まで約4時間30分。エディンバラ（Edinburgh）駅で乗り換え、ルーカス（Leuchars）駅まで約1時間。セント・アンドルーズ(St Andrews)までバスで約10分。

スコットランドは、首都エディンバラを中心に何度も来ました。イングランドが自然のやさしさを感じるとするとスコットランドは自然の清々しさを感じます。家や街並みにも同じような印象があります。スコットランドに行くときは、たいてい電車でエディンバラまで行き、そこから近場であれば電車とバスで出かけ、少し遠くに行きたい場合はレンタカーを借ります。スコットランドでずっと行きたかった町の一つ、セント・アンドルーズに今回初めて訪れました。その目的は「ゴルフの聖地」が気になったから。テニスをウィンブルドンの開催に合わせて訪問したように、ゴルフも全英オープンに合わせて来たかったのですが、今回はセント・アンドルーズにあるオールドコースでは行われないということで、町だけを見に来ました。

宿泊先を1週間前くらいに探していたのですが、あまりの値段の高さに驚愕。夏のシーズンでゴルフ客が多いのでしょう。そんな中で見つけたのが大学寮。ここが一番安かったのです。夏休み中は学生がいないため、一部宿泊施設として貸し出してくれることがあります。学生しか入れない大学寮を体験できるチャンスでもあります。ベッドと机があるだけの簡素な部屋、トイレやバスルームは共同（しかも男女共用）で少々緊張感がありましたが、建物は歴史があり、天井も高く快適でした。

18番ホールを観戦できる道

セント・アンドルーズの町は大学の建物、ゴルフの聖地としての観光客用の店、昔からの巡礼地としての歴史的な背景と漁師の貿易町が混在していて、いろいろな視点から楽しめます。町を散策しながらオールドコースを見に行くと、グラウンドまわりがフェンスやテントで囲まれていて何かの試合が行われている模様。日曜日は自由にコースに入れると聞いて、それに合わせて来たのに何てことだと思っていると、どうやら単なる試合ではなさそうな様子です。なんと女子の全英オープンの最終日だったのです。

ゴルフに対して無知で調べも浅かったため、男子も女子も同じコースで毎年行われると思っていたのですが、男女は別で、女子の全英オープンは11年ぶりにオールドコースで行われていたのでした。そんな最終日にたまたま居合わせるのだから、とても運がいい。どうりで、ホテル代が高く、人も多いわけです。もちろん当日来ているので、何も見られないだろうと思っていたのですが、コース横の道、ザ・リンクス（The Links）からフェンス越しではありますが一番いい最終ホール、18番ホールが見られるではないですか。

中に入れなくても、道行く人が普通に見られるという寛大さに驚きます。道は特に混雑もしていま

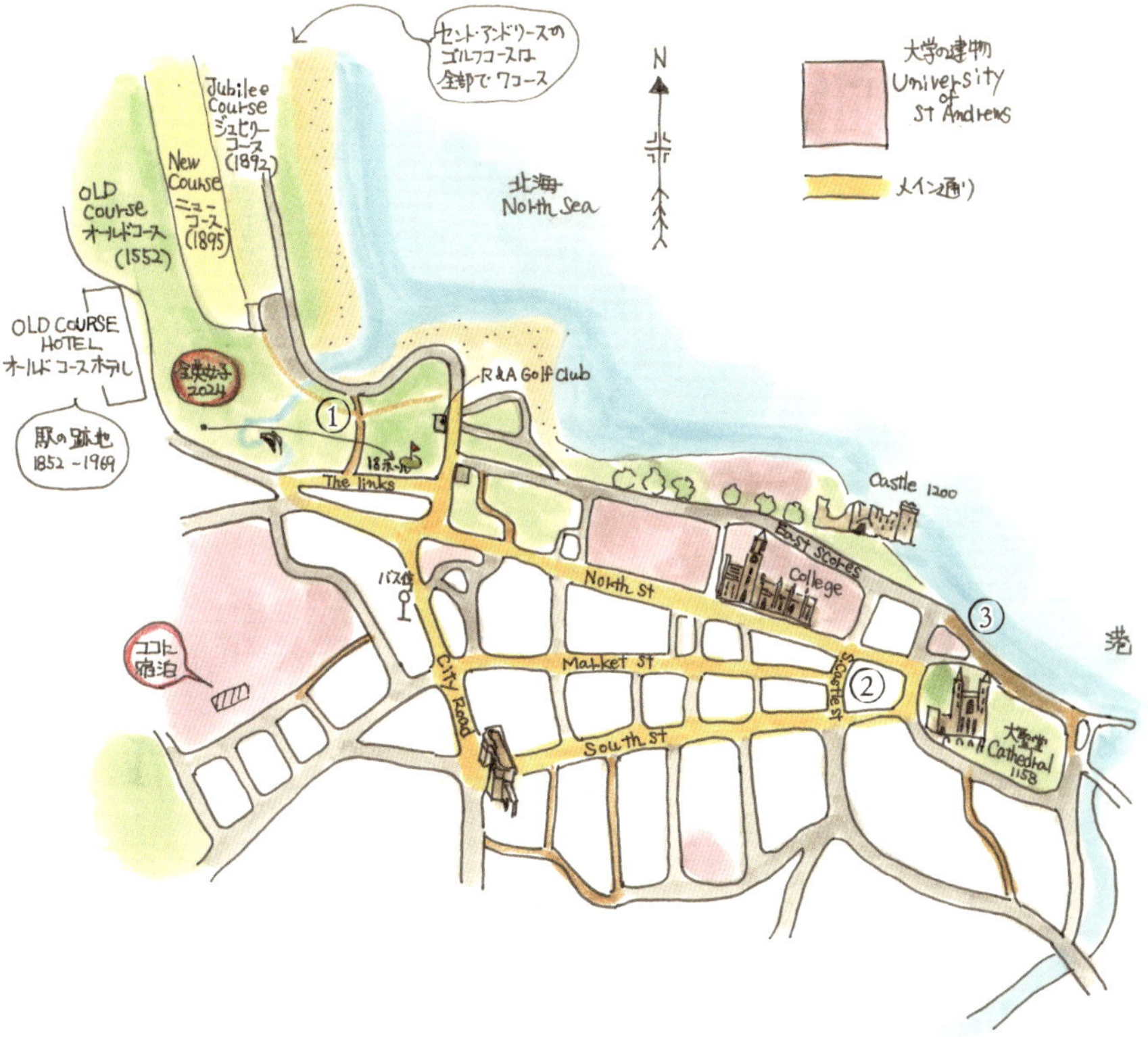

せん。淡々と試合が進められ、時折観客の拍手が聞こえます。テレビ放映もされているはずなのですが、大スクリーンに選手のアップが映し出されることもアナウンスの声もないので、誰がプレイしているかもわかりにくいのです。でも、これは商業的なものより雰囲気を重んじているのだろうと思います。

そうはいっても町はウィンブルドンのように盛り上がったディスプレーをしているだろうと思ったら、こちらも拍子抜け。ウィンブルドンが町をあげてテニスデコレーション祭りになっていたのに対し、セント・アンドルーズは通常運転。肩透かしでしたが、それはまた格式の高さと誇りを感じました。翌日、ゴルフコースは、コース横や横断する舗装道路を歩けるようになっていて、散策を楽しめました。町に出ると大学の建物が海沿いに並ぶ姿が美しく、港のほうまで行くと、漁師の家だったと思われる小ぶりの建物を多く見ることができます。

② S・キャッスル・ストリート(S Castle Street)
太陽の光が当たると、灰色の砂岩がゴールド色に見える美しい家が並ぶ。イングランドと違い、縦割りのテラスハウスではなく横割り（1階と2階は住人が違う）のアパートメント式が多いスコットランド。外部階段が見られるのが特徴。港町だったため、オレンジの瓦はオランダから入ってきたものらしい。曇りで暗い日が多い日常を明るく照らしている。

③ イースト・スコアーズ(East Scores)
大学院生の寮の一つ(右)。町の中や周辺には大学寮として使っている建物が多くあるが、どの建物も周囲の街並みに溶け込むように存在し、一見どれが寮かわからない。でもそれがいい。

Access; カルロスまで

ロンドン（London）、キングス・クロス（King's Cross）駅からエディンバラ（Edinburgh）駅まで約 4 時間 30 分。エディンバラ（Edinburgh）駅で乗り換え、ダンファームリン（Dunfermline）駅まで約 30 分。カルロス（Culross）までバスで約 30 分。

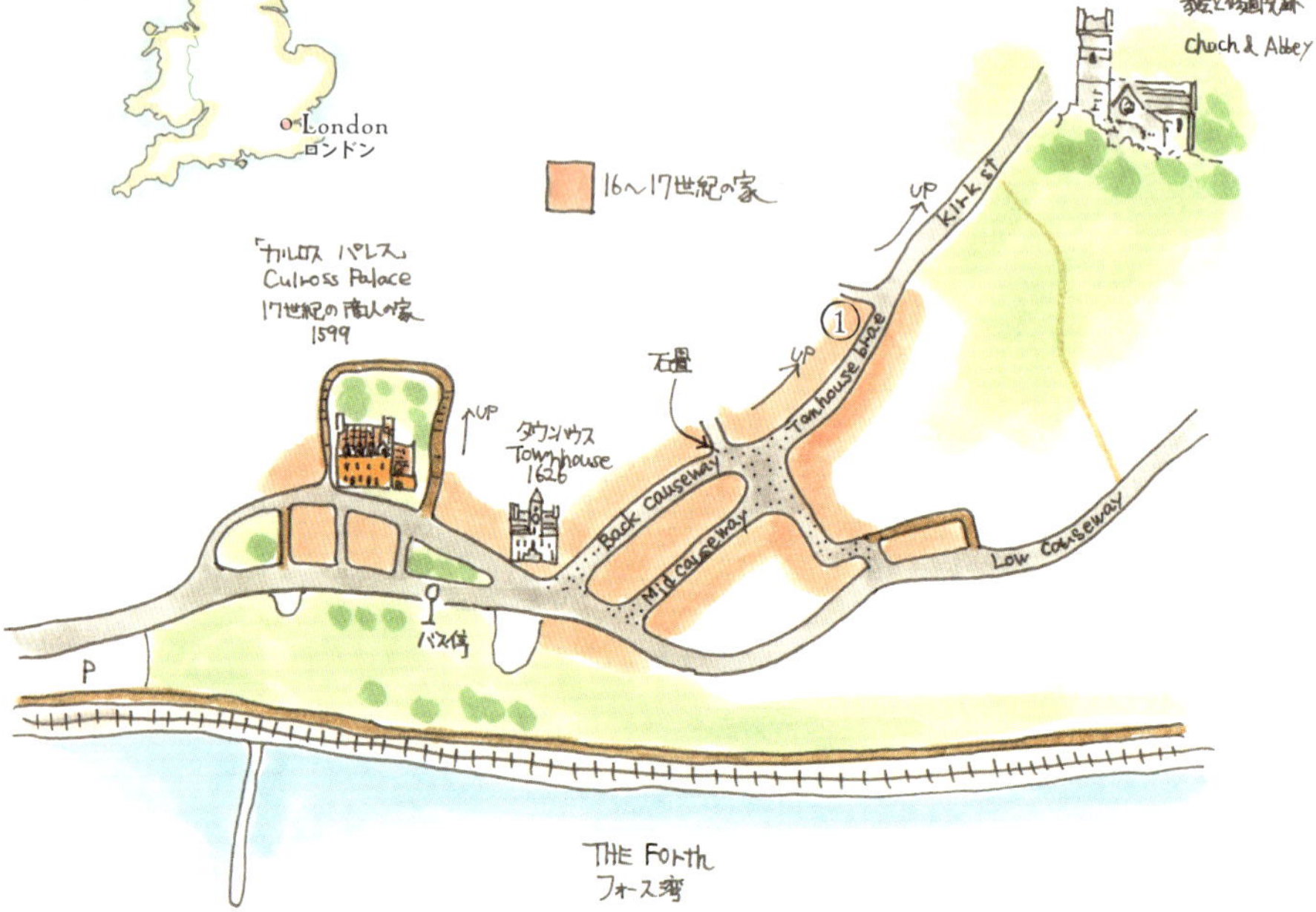

place; Culross

［カルロス］

17世紀にタイムスリップできる町

フォース湾沿いにある小さな村。巡礼地でありセント・アンドルーズへ向かう巡礼者の出発点の一つ。16 世紀〜 17 世紀にかけて石炭産業と塩田産業で栄えた。世界初の海底鉱山があり、50 もの塩田があった。アクセスのよさで輸出入も盛んで、この町の屋根材として使われているオレンジの屋根瓦（パンタイル）は、オランダから持ち帰られたもの。

1625 年に大嵐で鉱山が壊滅的に破壊され、それ以降衰退していく。また、港が埋め立てられ鉄道が通ると、ゴーストタウン化した。17 世紀の街並みがそのまま残ったこの町は、今では映画の撮影で使われたり観光地として復活している。海底鉱山の技術をもたらした商人、ジョージ・ブルース卿の館も保存されている。

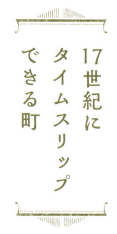

イギリスのガイドブック『GREAT BRITAIN』に、スコットランドの中で「かわいい村」として街並みが紹介されていたのを見つけて、ぜひ行きたいと思っていました。セント・アンドルーズから車で約1時間。海岸沿いの一本道にある町は、パーキングが整備され、車で来るにはとても便利な場所です。

小さい村でどの通りも雰囲気がありますが、教会に向かう石畳の坂道の家並みがガイドブックの写真の場所です。坂の入り口から石畳が始まります。石畳の中央には大きめの石が通され、端の溝に向かって勾配がとられて小石が敷き詰められています。当時、身分のある人が真ん中を通り、庶民は端を通っていたそうです。

そんな石畳の両サイドに、17世紀の家が並びます。家をつなぐ道が石畳だと、家並みに一体感が増します。雨で曇りがちだった空から日が差すと、白い壁とオレンジ瓦が輝き、ひときわ明るい街並みになったのが印象的でした。村全体がフォース湾に向かっての傾斜地にあるため、少し高い場所から湾に向かって見下ろすと切り妻屋根が連なる家並みがとても美しい。

この町のシンボルは、中心地にあるカルロス・パレス（Culross Palace）というかつてこの町を繁栄に導いた商人の家でしょう。濃い黄色の外壁が印象的で、歩いていると、時折同じトーンの色で壁が塗られた家が現れるのはこの家の影響なのか、村全体としてバランスがとれているようです。カルロス・パレスは室内も見学でき、当時の内装家具とともに独特の雰囲気を味わえます。

村に神聖な空気を感じたのは聖地巡礼の地だからか、村が17世紀で留まっているからか、観光地化されていても程よい人数のせいか。カルロスにすっかり浄化され、「街を巡る旅」のよい締めくくりとなりました。

⬆ミートショップの家(1664 年)

①タンハウス・ブレイ(Tanhouse Brae)の東側

スコットランドで見られる
17世紀の裕福な家の窓。
上がガラス、下が内開き
の木窓。開けると明るさ
が2倍に。

商人の家(1610年)

船長の家

外階段の2階建て
の家も多い

タンハウス・ブレイ(Tanhouse Brae)の西側

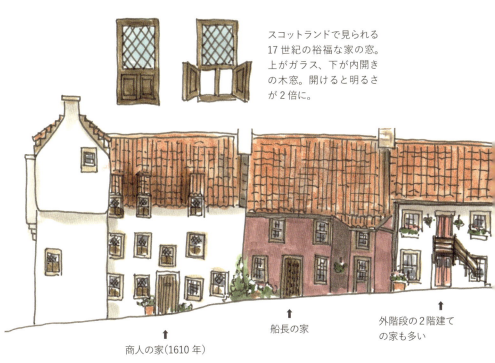

Epilogue

私の気になる英国の家並みを巡る旅は、1か月半で予定した町をすべて巡ることができました。ご紹介できたのは20の町ですが、ほかにも多くの町に立ち寄りました。そこには偶然通りかかった町も含まれます。どの街並みも魅力的で特徴があり、時間が許すならもっとご紹介したいところです。

まだ見ぬ町に、もっとかわいい家もたくさんあるでしょうし、再訪問することで発見もあります。季節を変えれば家の見え方も変わり、天候によっても印象が変わります。数年後に訪問したら住人が変わっていて、また違う雰囲気になっている家もあるでしょう。それでもきっと街並みは大きく変わることなくあり続けます。

そんな街が、まだまだ私を待っていると思うと、旅はやめられません。地域で出会った人に「英国でおすすめの町はどこですか」と聞くと、自分が住んでいる町か、その周辺の町をおすすめされます。地元愛と誇り

を感じる瞬間です。私自身も「今まで行ったなかでどの町が一番よかったか」とよく聞かれるのですが、一番難しいと感じる質問です。旅の途中に聞かれた場合は「毎日更新しています。今日はこの町が一番です」と答えます。それは本心で、そのときその町が最高だと思えるのだから仕方がありません。

英国の町を紹介できる機会をいただき、今まで行った好きな町を描いてまとめる機会をいただけたことに感謝したいと思います。そして本書を読まれた方が、英国にはかわいい素敵な家並みがあふれていることに興味を持ち、実際訪問していただけたら、現地で私とばったりお会いするかもしれません。そのときはお茶でもして熱く語り合いましょう。

2025年1月

山田佳世子

イラスト・文

山田佳世子 やまだ・かよこ

建築設計プランナー／インテリアデザイナー。

甲南女子大学文学部英米文学科、町田ひろ子アカデミーインテリア・ガーデンスクール卒業。福祉住環境コーディネーターとして住宅改修に携わったのが建築との出会い。輸入住宅を取り扱う工務店で設計プランナーとして経験を積み、二級建築士取得。現在はフリーの住宅設計プランナーとして独立。定期的なイギリス住宅の訪問がライフワークとなっている。

著書に『日本でもできる！ 英国の間取り』（エクスナレッジ）、『図説 英国の住宅』（共著）（河出書房新社）、『英国の幽霊城ミステリー』（イラスト）（エクスナレッジ）がある。

Instagram @kayoko.y0909

一度《いちど》は訪《おとず》れたい英国《えいこく》の小《ち》さな街《まち》

2025年3月5日　第1刷発行

Staff

デザイン
庄子佳奈
(marbre plant inc.)

校正
メイ

DTP
EDITEX

著　者　山田佳世子《やまだかよこ》
発行者　佐藤 靖
発行所　大和《だいわ》書房
東京都文京区関口1-33-4　〒112-0014
電話　03（3203）4511

印　刷　歩プロセス
製　本　ナショナル製本

ISBN 978-4-479-78582-8

http://www.daiwashobo.co.jp